des Differenzierens	# so differenziert das Schulbuch
Um die Schülerinnen und Schüler abzuholen und die Unterrichtseinheit differenziert planen zu können, sollte diese zu Beginn eines Themas durchgeführt werden.	Jedes Großkapitel beginnt mit einer Auftaktdoppelseite mit Material und Aufgaben, die einen offenen Zugang zum neuen Thema ermöglichen. Mit diesem Ansatz lassen sich Vorwissen und Kompetenzstand der Lernenden einschätzen und der differenzierte Unterricht planen.
Zusatzaufgaben können über das Fundamentum hinausgehen (Additum-Aufgaben) oder dazu dienen, es zu erreichen (Unterstützungsaufgaben).	In der Randspalte werden vielfältige Aufgaben zum **Helfen** H und **Fordern** F angeboten.
Nicht alle Schülerinnen und Schüler müssen alle Aufgaben bearbeiten.	Die Aufgabenblöcke bieten umfangreich Vorschläge zur Bearbeitung an, hier kann bei Bedarf eine Auswahl getroffen werden.
Die Aufgaben sind in verschiedenen Anforderungsbereichen formuliert.	Die Aufgaben sind durch die Verwendung von **Operatoren aus den drei Anforderungsbereichen** (vgl. S. 256 ff.) grundsätzlich differenzierend angelegt. Aufgaben können zudem unterschiedlich anspruchsvoll gelöst werden – Hinweise hierzu finden sich im **click&teach Unterrichtsassistenten** zum Schülerbuch.
Die Schülerinnen und Schüler widmen sich demjenigen Lerngegenstand, der sie entweder am meisten interessiert oder den sie noch nicht beherrschen.	Insbesondere der **Gruppenlernweg** „Gemeinsam aktiv" ermöglicht es den Schülerinnen und Schülern, individuelle Schwerpunkte zu setzen.
Themen können auf unterschiedlichen Wegen bearbeitet werden.	Eine große Vielfalt an problemorientiertem und schülernahem **Material** weckt Interesse und ermöglicht unterschiedliche Zugänge. Die Aufgaben zeichnen sich insgesamt durch eine große Vielfalt aus: **unterschiedliche Sozial- / Unterrichtsformen** und Bearbeitungsmöglichkeiten ermöglichen einen abwechslungsreichen Unterricht. Mit **Kompetenzbausteinen** wird strukturiert methodisches Vorgehen explizit geschult.
Durch einfache Sprache zentraler Erklärungen wird sichergestellt, dass die gesamte Lerngruppe mitarbeiten kann.	Bei grundlegenden Texten wurde besonders auf eine einfache Sprache geachtet, die **Grundbegriffe** werden auf zwei Niveaustufen angeboten.
Die Schülerinnen und Schüler kooperieren. Dazu nehmen sie immer wieder die Rolle von Lernhelfern oder Experten ein.	**Vielfältige kooperative Aufgabenformate** regen Sozial- / Unterrichtsformen an, bei denen eine Unterstützung durch Mitschüler und / oder die Lehrkraft Teil der Bearbeitung ist.
Eine der intensivsten und effektivsten Grundformen: Die Lehrkraft arbeitet mit einzelnen Schülerinnen und Schülern (oder einer Kleingruppe) zusammen.	

#Wirtschaft

Differenzierende Ausgabe

2

bearbeitet von

Florian Benz
Sandra Kirsamer
Kai Metzger

C.C.BUCHNER

#Wirtschaft – Baden-Württemberg

Wirtschaft, Berufs- und Studienorientierung – differenzierende Ausgabe

Band 2

Bearbeitet von Florian Benz, Sandra Kirsamer und Kai Metzger

Zu diesem Lehrwerk sind erhältlich:
- Digitales Lehrermaterial click & teach Einzellizenz, Bestell-Nr. 822051
- Digitales Lehrermaterial click & teach Box (Karte mit Freischaltcode), ISBN 978-3-661-82205-1

Weitere Materialien finden Sie unter www.ccbuchner.de.

Dieser Titel ist auch als digitale Ausgabe click & study unter www.ccbuchner.de erhältlich.

1. Auflage, 1. Druck 2018
Alle Drucke dieser Auflage sind, weil untereinander unverändert, nebeneinander benutzbar.

Dieses Werk folgt der reformierten Rechtschreibung und Zeichensetzung. Ausnahmen bilden Texte, bei denen künstlerische, philologische oder lizenzrechtliche Gründe einer Änderung entgegenstehen.

Die Mediencodes enthalten ausschließlich optionale Unterrichtsmaterialien.
An keiner Stelle im Schülerbuch dürfen Eintragungen vorgenommen werden.
Auf verschiedenen Seiten dieses Buches finden sich Verweise (Links) auf Internetadressen.
Haftungshinweis: Trotz sorgfältiger inhaltlicher Kontrolle wird die Haftung für die Inhalte externer Seiten ausgeschlossen.

Redaktion: Katharina Nieratschker, Meike Rademacher
Layout, Satz und Illustrationen: Wildner + Designer GmbH, Fürth
Druck und Bindung: Firmengruppe Appl, aprinta Druck, Wemding

www.ccbuchner.de

ISBN 978-3-661-**82202**-0

Liebe Schülerinnen und Schüler,

Im letzten Schuljahr habt ihr bereits die Grundlagen des Wirtschaftens kennengelernt. In diesem Jahr lernt ihr weitere Themen kennen, die euch direkt betreffen: Wie bewerbe ich mich richtig für ein Praktikum oder eine Ausbildung? Wie funktioniert die Welt der Arbeitnehmer? Und nicht zuletzt: wie funktioniert die Wirtschaft und der Markt?

Spätestens wenn ihr die Schule verlasst, um eine Ausbildung zu beginnen, werdet ihr mit Abläufen und Regelungen des Wirtschaftslebens Kontakt haben. Wir stellen euch in diesem Buch daher die wichtigsten Rechte und Pflichten als Arbeitnehmer vor: Was darfst du und was musst du als Azubi? Musst du dir von deinem Arbeitgeber alles gefallen lassen und wer hilft dir, wenn es zu einem Konflikt zwischen dir und deinem Arbeitgeber kommt? Gleichzeitig wollen wir euch vermitteln, wie die Wirtschaft funktioniert und wie die Entscheidungen der Unternehmen davon betroffen sind. Hierzu müsst ihr euch nicht nur in die Rolle eines Arbeitnehmers sondern auch in die Situation der Unternehmen hineinversetzen, entscheiden und begründet urteilen. Es bleibt also auch dieses Jahr spannend mit vielen wichtigen Inhalten für eure berufliche Zukunft. Wir haben uns bemüht, dieses Buch so spannend und attraktiv wie möglich zu gestalten und hoffen, euer Interesse zu wecken. Wie genau ihr das Buch benutzen könnt, ist auf den folgenden Seiten „Zur Arbeit mit dem Buch" erklärt.

Viel Spaß wünschen
das Autorenteam und der Verlag

Zur Arbeit mit dem Buch

Jedes Kapitel beginnt mit einer **Auftaktdoppelseite**. Material und offene Aufgaben ermöglichen euch eine erste Annäherung an die Inhalte des neuen Kapitels. Dabei könnt ihr auch zeigen, was ihr schon über das Thema wisst. Außerdem hilft euch ein kleiner Einführungstext, einen Überblick zu bekommen. Über welches Wissen und Können ihr am Ende des Kapitels verfügt, könnt ihr ebenfalls nachlesen.

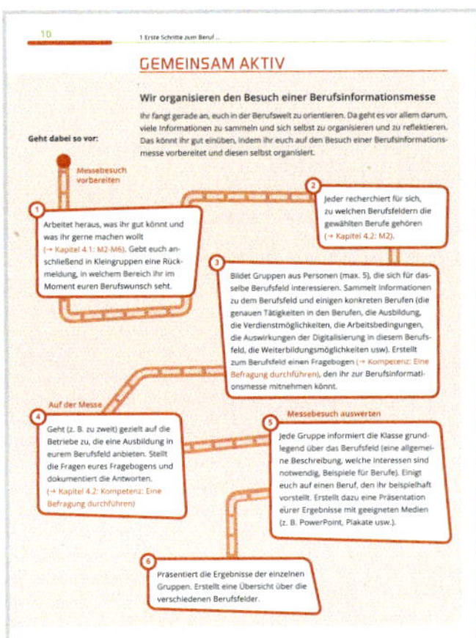

Auf der ersten Seite im Kapitel wird euch immer ein Weg vorgestellt, über den ihr weitgehend selbstständig das Kapitel bearbeiten könnt („Gemeinsam aktiv“)! Dazu müsst ihr euch projektartig mit den Materialien und Inhalten des Kapitels auseinandersetzen und abschließend ein Produkt dazu erstellen.

Aufgebaut sind die einzelnen Unterkapitel ganz einfach:
Die Inhalte des Kapitels könnt ihr euch in der Regel auf Doppelseiten erarbeiten. Das Thema wird in der Überschrift und wenigen Zeilen darunter erläutert.
Die **Materialien** sind immer mit „M“ gekennzeichnet und durchnummeriert.
Am Ende jedes Unterkapitels ist ein **Aufgabenblock** platziert. Die Aufgaben zeigen euch, wie ihr mit den Materialien arbeiten könnt.

Natürlich lernt und arbeitet nicht jeder gleich schnell. Deswegen gibt es in der Randspalte oft **Hilfen** oder auch **Zusatzangebote** zu den einzelnen Aufgaben. Die Symbole H und F helfen euch bei der Orientierung: Wenn man z. B. auf dem „Schlauch“ steht, kann man den Hinweis H lesen. Wenn man eine Aufgabe viel schneller erledigt hat als die anderen, stehen unter F zusätzliche Aufgaben und Herausforderungen bereit.
Das Symbol (Partnerarbeit) zeigt euch, dass ihr hier mit einem oder mehreren Mitschülern arbeiten sollt.

Die wichtigsten Begriffe eines Themas werden in blauen Kästen als **Grundbegriffe** erklärt und mit einem # gekennzeichnet: Die Kernaussage findet ihr in 1-2 Sätzen in kräftiger Schrift gleich zu Anfang. Details, Beispiele oder Fachbegriffe stehen im zweiten Teil der Kästen.
Das ebenfalls blaue **Grundwissen** schließt jedes Kapitel ab. Hier werden die wesentlichen Inhalte zusammengefasst. Ihr könnt zur Nacharbeit oder zur Vorbereitung einer mündlichen oder schriftlichen Prüfung das Wichtigste nachlesen.

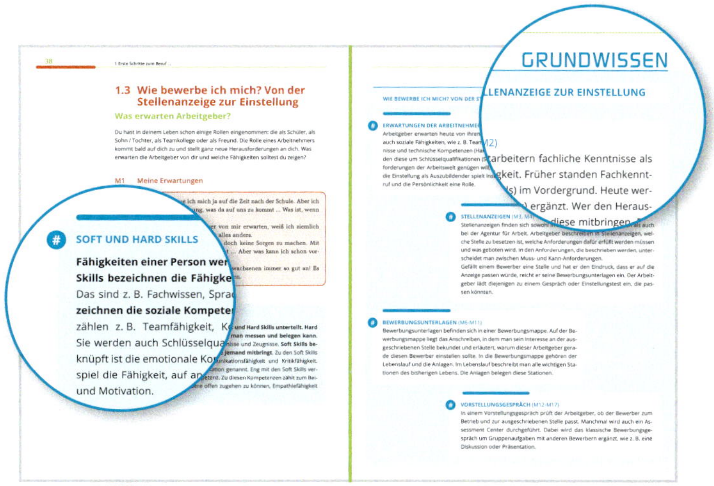

Im Wirtschaftsunterricht sollt ihr aber nicht einfach Fakten auswendig lernen und wiedergeben. Ihr sollt aktiv und kritisch an der Wirtschaft teilhaben können. Dafür müsst ihr Zusammenhänge verstehen und beurteilen lernen. Das Rüstzeug dafür sind bestimmte Fähigkeiten und Fertigkeiten – man nennt sie auch Kompetenzen. Im Buch gibt es dafür spezielle **„Kompetenzbausteine“**. Schritt für Schritt lernt ihr dort, wie man z. B. eine Befragung durchführt, ein Informationsplakat gestaltet und wie ihr eine Karika-Tour durchführt.

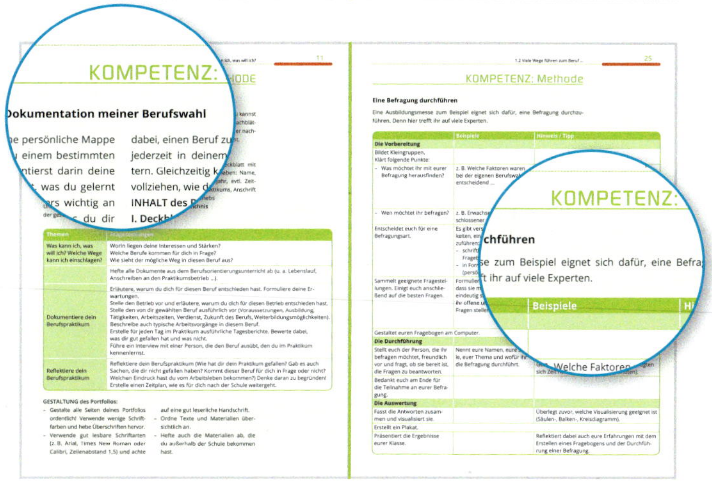

Die Doppelseite **Selbsteinschätzung – Training** schließt ein Großkapitel ab. Hier könnt ihr euch selbst überprüfen und zeigen, ob ihr die erlernten Kompetenzen in einer konkreten Situation sinnvoll anwenden könnt.

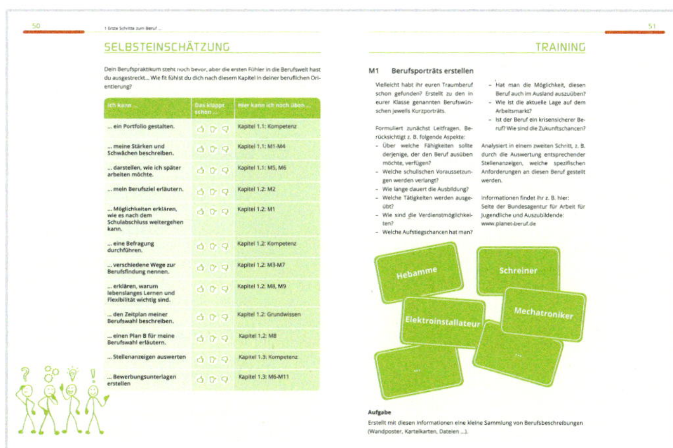

Hinweis: Im Buch stehen männliche Formen („der Schüler“, „der Bürger“ ...) grundsätzlich für beide Geschlechter. Materialien ohne Quellenangaben sind von den Autoren verfasst.

Über QR-Codes könnt ihr in verschiedenen Kapiteln Erklärvideos direkt ansteuern.
Diese können außerdem über die Eingabe der Mediencodes im Suchfeld auf www.ccbuchner.de aufgerufen werden.

Inhalt

1 ERSTE SCHRITTE ZUM BERUF ... 8
Gemeinsam aktiv: Wir organisieren den Besuch einer Berufsinformationsmesse 10
1.1 Was kann ich, was will ich? ... 12
Was kann ich? ... 12
Was will ich? ... 15
Früher war alles besser? – Veränderungen in der Arbeitswelt ... 17
1.2 Viele Wege führen zum Beruf 22
Wie kann es nach der Schule weitergehen? ... 22
Wie fange ich an? Orientierung und Unterstützung bei der Berufswahl ... 26
Verschiedene Wege in Leben und Beruf ... 30
Mein Praktikum – gut vorbereiten und nutzen ... 32
Mein Praktikum – im Betrieb und was dann ...? ... 34
1.3 Wie bewerbe ich mich? Von der Stellenanzeige zur Einstellung ... 38
Was erwarten Arbeitgeber? ... 38
Stellenanzeigen finden und richtig auswerten ... 40
Für sich werben: Die Bewerbung ... 42
Was erwartet mich beim Vorstellungsgespräch? ... 46

2 JUGENDLICHE ALS ARBEITNEHMER ... 52
Gemeinsam aktiv: Wir erstellen eine Concept Map zum Thema „Die Arbeitswelt" ... 54
2.1 Welche Bedeutung hat Arbeit? ... 55
Will ich, soll ich oder muss ich arbeiten? ... 55
Schafft ein Job Freiheit? ... 58
Arbeitslosigkeit: Was tun in der Krise? ... 60
Lieber prekäre Arbeit als gar keine Arbeit? ... 63
2.2 Mein Arbeitgeber und ich: Partner oder Gegner? ... 66
Wann passen die Interessen von Arbeitnehmern und Arbeitgebern (nicht) zusammen? ... 66
Welche Rechte und Pflichten haben Arbeitnehmer und Arbeitgeber? ... 69
Wie viel von meinem Gehalt darf ich behalten? ... 71
Welche Bedeutung hat das duale Ausbildungssystem? ... 74
Preisbildung auf dem Arbeitsmarkt: Wer bestimmt, wie viel ich verdiene? ... 77
„Zu viele Köche verderben den Brei"? Wer bestimmt wie viele Köche Deutschland braucht? ... 80
2.3 Selbstbestimmung und Kontrolle in der Arbeitswelt ... 84
Wie kann ich im Betrieb mitbestimmen? ... 84
Interessen organisieren sich: Wie wichtig sind Gewerkschaften und Arbeitgebervertretungen? ... 86
Konfliktfall Lohn: ein dauerhafter Interessengegensatz? ... 89

3 WIE SOLL DIE WIRTSCHAFT GEORDNET WERDEN? **94**
Gemeinsam aktiv: Der Wirtschaft eine Ordnung geben 96
3.1 Zwischen wirtschaftlicher Freiheit und sozialer Gleichheit – Wie möchtest du leben? **97**
In welcher Wirtschaftsordnung möchtest du leben? 97
Soziale Marktwirtschaft – ein „Mittelweg"? 100
Soll der Staat auf die Höhe der Löhne Einfluss nehmen? 102
Sollen Erbschaften besteuert werden? 106
Wie kann ich mich an der Gestaltung der Wirtschaft beteiligen? 108
3.2 Wirtschaftswachstum und Wachstumspolitik **114**
Wie wird unsere Wirtschaftsleistung gemessen? 114
Wie kann die Wirtschaftskraft in Zahlen ausgedrückt werden? 116
Wer profitiert vom Wirtschaftswachstum? 118
Wenn das BIP an seine Grenzen stößt 120
Wie entwickelt sich die Wirtschaft? 123
Wege aus der Krise – Sparen oder Investieren? 124
Welche Auswirkungen hat das Eingreifen des Staates in der Krise? 126
Gefühlt wird alles teurer? 128
3.3 Wirtschaft ohne Grenzen **130**
Grenzenlos unterwegs in Europa 130
Sollen in Europa wieder nationale Grenzkontrollen eingeführt werden? 132
Mein Handy – mein Nutzen – meine Verantwortung? 134
Station 1: Handyentwicklung in den USA 136
Station 2: Rohstoffgewinnung im Kongo 138
Station 3: Produktion in China 139
Station 4: Entsorgung in Ghana 140
Mein Handy – meine Verantwortung? 142

Service-Anhang

Erläuterungen zu Operatoren 146
Methodenglossar 149
Register 152
Bildnachweis 153

Kompetenzen im Überblick

Methode: Portfolio – die Dokumentation meiner Berufswahl 11
Methode: Eine Befragung durchführen 25
Methode: Stellenanzeigen analysieren 40
Methode: Richtig Lesen: Die 5-Phasen-Methode 59
Methode: Ein Informationsplakat gestalten 62
Methode: Karika-Tour – Wie analysiere ich Karikaturen? 68
Urteilen: Urteilen anhand von Kriterien 104
Methode: Im Internet recherchieren 111
Methode: Diagramme und Schaubilder analysieren 117
Methode: Eine Wirkungskette erstellen 126

Arbeite so ...

Lebe so ...

Ich

Mich interessiert heute ...

Im Beruf ist mir wichtig ...

Was weißt du schon?

Wie stellst du dir dein Leben in 20 Jahren vor?

- Wo arbeitest du (im Freien, im Büro, mit Werkzeug, mit dem PC ...)?
- Wie lebst du (Familie, alleine ...)?
- Mich interessiert heute ... (Beruf, Hobby ...)
- Was ist dir an deinem Beruf wichtig (Verdienst, Sicherheit ...)?

a) Erstelle eine Collage zu den Fragen (oben).

ODER

b) Meine Visitenkarte. Teile ein DIN A3-Blatt in vier gleich große Rechtecke. Schreibe in die Mitte deinen Namen und beantworte in jedem Rechteck eine der Fragen (siehe oben).

Präsentiert eure Ergebnisse in einem Galeriespaziergang.

1

#Erste Schritte zum Beruf ...

Noch stehst du mitten in der Schule – aber dein Schulabschluss ist näher, als du denkst. Vielleicht hast du schon eine konkrete Idee, was du nach der Schulzeit machen möchtest. Vielleicht brauchst du auch noch Zeit, um dich zu entscheiden. Die Entscheidung für einen Beruf ist sehr wichtig, denn du wirst mit ihm viel Zeit verbringen. Aber welcher Beruf passt zu dir?

Was lernst du in diesem Kapitel?

... deine eigenen Wünsche, Interessen und Fähigkeiten im Hinblick auf deine Berufswahl zu nennen.
... Informationen zur Berufswahl zu suchen und einzuordnen.
... einen Zeitplan für deine Berufsfindung zu erstellen.
... verschiedene Wege nach der Schule zu vergleichen.
... ein Praktikum vorzubereiten.
... Bewerbungsunterlagen zu erstellen.
... was bei Vorstellungsgesprächen wichtig ist.

GEMEINSAM AKTIV

Wir organisieren den Besuch einer Berufsinformationsmesse

Ihr fangt gerade an, euch in der Berufswelt zu orientieren. Da geht es vor allem darum, viele Informationen zu sammeln und sich selbst zu organisieren und zu reflektieren. Das könnt ihr gut einüben, indem ihr euch auf den Besuch einer Berufsinformationsmesse vorbereitet und diesen selbst organisiert.

Geht dabei so vor:

Messebesuch vorbereiten

1. Arbeitet heraus, was ihr gut könnt und was ihr gerne machen wollt (→ Kapitel 4.1: M2-M6). Gebt euch anschließend in Kleingruppen eine Rückmeldung, in welchem Bereich ihr im Moment euren Berufswunsch seht.

2. Jeder recherchiert für sich, zu welchen Berufsfeldern die gewählten Berufe gehören (→ Kapitel 4.2: M2).

3. Bildet Gruppen aus Personen (max. 5), die sich für dasselbe Berufsfeld interessieren. Sammelt Informationen zu dem Berufsfeld und einigen konkreten Berufen (die genauen Tätigkeiten in den Berufen, die Ausbildung, die Verdienstmöglichkeiten, die Arbeitsbedingungen, die Auswirkungen der Digitalisierung in diesem Berufsfeld, die Weiterbildungsmöglichkeiten usw). Erstellt zum Berufsfeld einen Fragebogen (→ Kompetenz: Eine Befragung durchführen), den ihr zur Berufsinformationsmesse mitnehmen könnt.

Auf der Messe

4. Geht (z. B. zu zweit) gezielt auf die Betriebe zu, die eine Ausbildung in eurem Berufsfeld anbieten. Stellt die Fragen eures Fragebogens und dokumentiert die Antworten. (→ Kapitel 4.2: Kompetenz: Eine Befragung durchführen)

Messebesuch auswerten

5. Jede Gruppe informiert die Klasse grundlegend über das Berufsfeld (eine allgemeine Beschreibung, welche Interessen sind notwendig, Beispiele für Berufe). Einigt euch auf einen Beruf, den ihr beispielhaft vorstellt. Erstellt dazu eine Präsentation eurer Ergebnisse mit geeigneten Medien (z. B. PowerPoint, Plakate usw.).

6. Präsentiert die Ergebnisse der einzelnen Gruppen. Erstellt eine Übersicht über die verschiedenen Berufsfelder.

KOMPETENZ: METHODE

Portfolio – die Dokumentation meiner Berufswahl

Ein Portfolio ist eine persönliche Mappe oder ein Ordner zu einem bestimmten Thema. Du dokumentierst darin deine Arbeit und beschreibst, was du gelernt hast, was du für besonders wichtig an diesem Thema hältst und was du dir merken möchtest.

In diesem Portfolio zu deiner Berufswahl sammelst du alles, was du im Unterricht dazu bearbeitet hast. Außerdem zeigst du, wie du dich außerhalb des Unterrichts mit dem Thema auseinander gesetzt hast. Es unterstützt dich also dabei, einen Beruf zu finden – du kannst jederzeit in deinem Portfolio nachblättern. Gleichzeitig kann dein Lehrer nachvollziehen, wie du gearbeitet hast.

INHALT des Portfolios:

I. Deckblatt

Dein Ordner sollte ein Deckblatt mit folgenden Stichpunkten haben: Name, Klasse, Anschrift, Schuljahr, evtl. Zeitraum des Betriebspraktikums, Anschrift des Praktikumsbetriebs

II. Inhaltsverzeichnis

III. Inhalt:

Themen	Fragestellungen
Was kann ich, was will ich? Welche Wege kann ich einschlagen?	Worin liegen deine Interessen und Stärken? Welche Berufe kommen für dich in Frage? Wie sieht der mögliche Weg in diesen Beruf aus?
	Hefte alle Dokumente aus dem Berufsorientierungsunterricht ab (u. a. Lebenslauf, Anschreiben an den Praktikumsbetrieb ...).
Dokumentiere dein Berufspraktikum	Erläutere, warum du dich für diesen Beruf entschieden hast. Formuliere deine Erwartungen. Stelle den Betrieb vor und erläutere, warum du dich für diesen Betrieb entschieden hast. Stelle den von dir gewählten Beruf ausführlich vor (Voraussetzungen, Ausbildung, Tätigkeiten, Arbeitszeiten, Verdienst, Zukunft des Berufs, Weiterbildungsmöglichkeiten). Beschreibe auch typische Arbeitsvorgänge in diesem Beruf. Erstelle für jeden Tag im Praktikum ausführliche Tagesberichte. Bewerte dabei, was dir gut gefallen hat und was nicht. Führe ein Interview mit einer Person, die den Beruf ausübt, den du im Praktikum kennenlernst.
Reflektiere dein Berufspraktikum	Reflektiere dein Berufspraktikum (Wie hat dir dein Praktikum gefallen? Gab es auch Sachen, die dir nicht gefallen haben? Kommt dieser Beruf für dich in Frage oder nicht? Welchen Eindruck hast du vom Arbeitsleben bekommen?) Denke daran zu begründen! Erstelle einen Zeitplan, wie es für dich nach der Schule weitergeht.

GESTALTUNG des Portfolios:

- Gestalte alle Seiten deines Portfolios ordentlich! Verwende wenige Schriftfarben und hebe Überschriften hervor.
- Verwende gut lesbare Schriftarten (z. B. Arial, Times New Roman oder Calibri, Zeilenabstand 1,5) und achte auf eine gut leserliche Handschrift.
- Ordne Texte und Materialien übersichtlich an.
- Hefte auch die Materialien ab, die du außerhalb der Schule bekommen hast.

1.1 Was kann ich, was will ich?

Was kann ich?

Endlich rückt dein Schulabschluss näher! Dann beginnt eine Zeit, in der du beruflich deinen Interessen und Fähigkeiten nachgehen kannst. Aber hast du über diese Zeit eigentlich schon mal nachgedacht?

M1 Wohin willst du gehen?

Alice:
Würdest du mir bitte sagen, wie ich von hier aus weitergehen soll?

Grinsekatze:
Das hängt zum großen Teil davon ab, wohin du gehen möchtest.

Angelehnt an: Caroll Lewis, Alice im Wunderland, Hildesheim 2016, S.89, Übersetzung: Siv Bublitz

M2 ICH in einer Mindmap

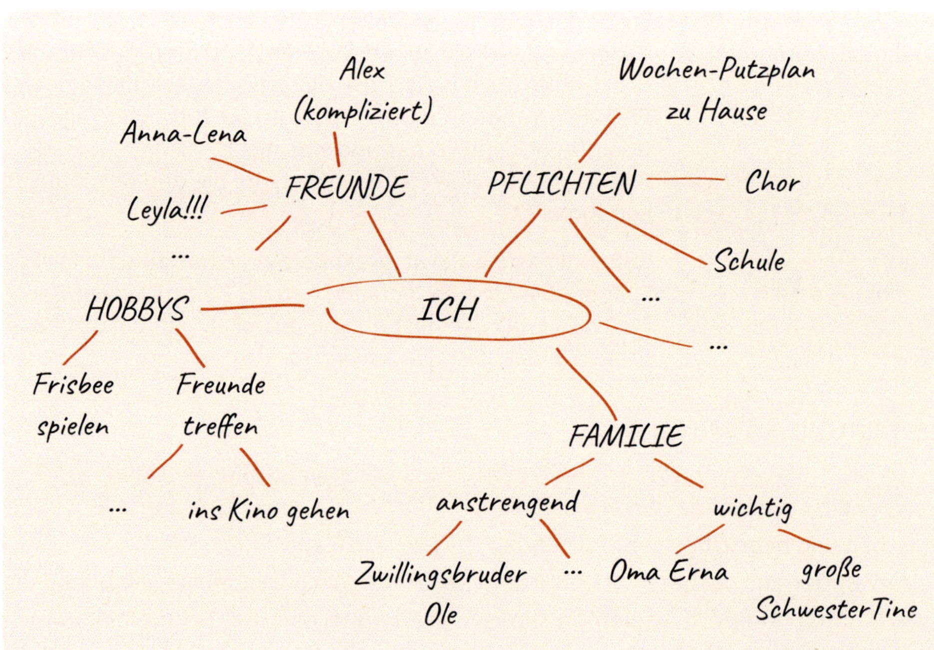

M3 Das macht mir Spaß!

Auch deine Hobbys geben Aufschluss darüber, was du gut kannst. Denn häufig übt man Hobbys deshalb aus, weil man gut darin ist und Spaß an der Tätigkeit hat. Daraus, was wir gerne und häufig tun, können wir erfahren, was wir gut können.

Raja, 15:
Ich spiele total gerne Fußball. In der kommenden Saison möchten wir endlich in die Bezirksstaffel aufsteigen.
Dafür trainieren wir 3x wöchentlich.
Ich spiele meistens im Sturm.

M4 Das kann ich gut!

Wenn du deine Klasse betrachtest, wirst du feststellen, dass ihr alle unterschiedlich seid und verschiedene Fähigkeiten und Interessen habt. Deshalb passt auch nicht jeder Beruf zu allen. Worin liegen deine ganz besonderen Stärken?

Ich kann gut zuhören.	Ich bin hilfsbereit.
Ich bin sehr belastbar.	Ich arbeite gerne im Team.
Ich habe technisches Verständnis.	Ich kann mir Dinge gut merken.
Ich arbeite selbstständig.	Ich bin kreativ.
Ich habe handwerkliches Geschick.	Ich kann logisch denken.
Ich kann Dinge gut verstehen und anderen weitergeben.	Ich habe gute Fremdsprachenkenntnisse.
Ich bin gut im Organisieren.	Ich übernehme gerne Verantwortung.
Ich bin sehr sorgfältig und gründlich.	Ich bin körperlich belastbar.
Ich kann mich gut in Andere hineinversetzen.	Ich überlege mir bei schwierigen Aufgaben genau, wie ich vorgehe.
Ich versuche Aufgaben alleine zu lösen.	Ich bin verantwortungsbewusst.
Ich kann gut auf fremde Menschen zugehen.	Ich lasse mir auch mal sagen, dass ich etwas falsch gemacht habe.
Auch wenn ich eigentlich keine Lust habe, kann ich mich zum Arbeiten zwingen.	Ich verwirkliche meine Ideen auch ohne die Hilfe von Anderen.
Ich bleibe ruhig, auch wenn ich etwas zum x-ten Mal wiederholen muss.	Ich muss nicht immer Recht behalten.

M5 Das Schulfach liegt mir!

Raja mag neben Sport auch Kunst und Englisch, dafür hat sie an Geschichte keine Freude. Auch Physik mag sie nicht so gerne. Aus ihrem Interesse an den Fächern Kunst und Englisch kann Raja schließen, dass sie kreativ, kommunikationsfähig, sprachbegabt und sportlich ist. Andererseits liegen ihr naturwissenschaftliche und technische Bereiche vielleicht weniger …

M6 Das schätzen andere an dir …

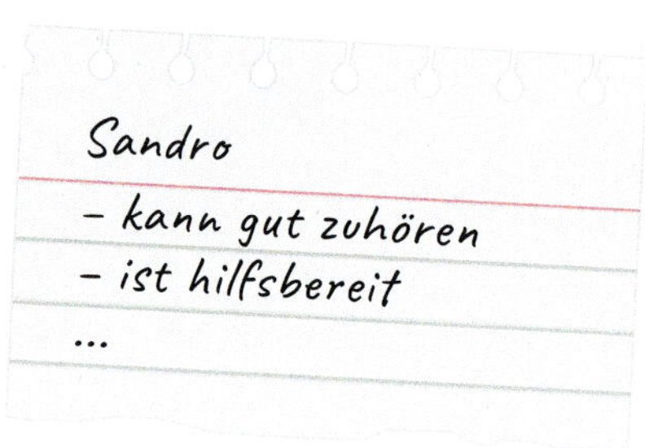

H zu Aufgabe 3
Raja spielt in einem Team. Mit dem muss sie sich abstimmen. Sie braucht aber auch Selbstvertrauen, um ein Tor schießen zu können …

H zu Aufgabe 7
Du kannst auch aus deinen Fähigkeiten ein „Wordle" erstellen (z. B. auf www.wordle.net). Du kannst es dir als Motivation zu Hause aufhängen.

AUFGABEN

1. Erkläre, was die Aussage der Grinsekatze für deine Berufswahl bedeutet (**M1**).
2. a) Erstelle eine Mindmap zu dir und deinem Leben.
   b) Stelle deine Mindmap einem Partner vor.
   c) Überlegt gemeinsam, welche Fähigkeiten sich ableiten lassen.
3. Was tut Raja (**M3**) alles für ihr Fußballspiel? Leitet daraus Fähigkeiten ab, über die sie verfügt.
4. Wo siehst du deine Stärken (**M4**)? Ordne jeder Fähigkeit einen Smiley zu (☺☺ – ☺ - ☹) und nenne ein Beispiel.
5. a) Erstelle eine Liste mit Schulfächern, die dir gefallen und denen, die dir nicht gefallen (**M5**).
   b) Notiere daneben, was dir an dem Fach gefällt und welche Fähigkeiten damit verbunden sind.
6. Schreibe auf einen Zettel deinen Namen und reiche diesen an deinen Nachbarn weiter. Dieser schreibt eine positive Eigenschaft von dir darauf. Dann gebt den Zettel weiter, sodass jeder Mitschüler etwas Positives über dich aufschreibt. Am Ende bekommst du deinen Zettel wieder – er gehört dir!
7. a) Fasse deine gesammelten Fähigkeiten (**M3**-**M6**) zusammen.
   b) Stelle deine Zusammenstellung einer Vertrauensperson deiner Wahl vor (Eltern, gute Freunde …). Sie kennen dich gut und können dir eine Rückmeldung geben, was du eventuell noch ergänzen kannst.

Was will ich?

„Oh, nein! Heute müssen wir schon wieder ins Chemie-Labor. Da habe ich morgens schon keine Lust zum Aufstehen ...“ „Ach, Chemie ist doch OK. Aber wenn ich nur die Sportschuhe sehe ...“ Jeder kennt das: Wenn der Spaß und das Interesse an einer Herausforderung fehlen, kann man sich nur schwer motivieren. Wie also möchtest du deinen (Berufs-)Alltag verbringen?

M7 Wie möchte ich arbeiten?

unterwegs sein | etwas verkaufen | etwas organisieren
Hobby ausüben | im Büro arbeiten | in der Gastronomie arbeiten
reich werden | sicherer Arbeitsplatz | Neues entdecken
im Ausland arbeiten | im Team arbeiten | Lebensunterhalt aufbringen
unabhängig sein | etwas verwalten | anderen helfen
Träume erfüllen | viel Freizeit | eigene Chef sein
Waren herstellen | erziehen | in der Werkstatt arbeiten
Karriere machen | in Teilzeit arbeiten | Wissen vermitteln
im Freien arbeiten | flexible Arbeitszeit | im Verkaufsraum arbeiten
in einem großen Unternehmen arbeiten | Nachtarbeit | etwas gestalten | ...

M8 Berufsentscheidungen – Fallbeispiele

Ich habe mich für die Ausbildung entschieden, weil dieser Beruf sehr vielfältig ist. Angesprochen hat mich die Mischung aus Kundenberatung und Büroarbeit. Dabei war mir wichtig, mit den Kunden persönlich in Kontakt zu stehen, um ihnen mit all ihren Fragen und Wünschen weiterzuhelfen. Zudem kann ich in diesem Beruf mein großes Interesse im wirtschaftlichen Bereich vertiefen. Ein weiterer wesentlicher Punkt für meine Entscheidung war, dass der Beruf des Bankers in unserer Gesellschaft sehr hoch angesehen ist und er viele Weiterbildungsmöglichkeiten nach der Ausbildung bietet.

Laura Mlinar, www.voba-ermstal-alb.de, 20.3.2016

Alexandra, Auszubildende zur Bankkauffrau

Lukas, Auszubildender zum Industriekaufmann

Für mich war wichtig, dass ich nicht nur einen Beruf auswähle, der mir Spaß macht, sondern in dem ich auch Sicherheit habe. Als Industriekaufmann kann ich in meiner Region in vielen verschiedenen Betrieben arbeiten. Ich muss also nicht immer im gleichen Betrieb bleiben. Außerdem verdient man als Industriekaufmann gut.

Jacqueline, Hebammenschülerin

Kleine Kinder haben mich schon immer begeistert. Und als meine große Schwester ein Baby bekam, hatte ich die Idee, Hebamme zu werden. Ich habe dann angefangen, ehrenamtlich junge Mütter zu unterstützen. Das hat mir einen guten Einblick in das Arbeitsumfeld gegeben.
Und jetzt reizt mich zusätzlich der medizinische Hintergrund. Dafür nehme ich auch in Kauf, dass die Arbeitszeiten sehr unterschiedlich sind.

Rami, Auszubildender zum Physiotherapeut

Mir war es wichtig, in meinem Beruf irgendetwas mit Sport zu machen. Außerdem wollte ich einen Beruf, in dem ich mit Menschen zu tun habe und ihnen helfen kann. Der Beruf hat gute Zukunftschancen, denn unsere Bevölkerung wird immer älter und damit brauchen auch immer mehr Menschen die Hilfe von Physiotherapeuten. Toll finde ich an dem Beruf auch, dass man mit so vielen verschiedenen Menschen in Kontakt kommt.

Natascha, Auszubildende zur Chemielaborantin

Für meine Berufswahl war entscheidend, dass ich Spaß an Chemie und Versuchen habe. Nach einem Praktikum habe ich gemerkt, dass es mir tatsächlich liegt. Außerdem ist mein Vater auch Chemielaborant, dadurch habe ich viel mitbekommen, um was es in diesem Beruf geht. Mit Kunden zu arbeiten, hätte ich mir nicht gut vorstellen können. Mir liegt mehr die ruhige und konzentrierte Arbeit.

H zu Aufgabe 2
Sammle zunächst aus **M7**, was auf die Berufswahl der jungen Leute Einfluss genommen hat, und sortiere sinnvoll.

F Befrage eine Person deiner Wahl, wie sie ihren Beruf gefunden hat. Bereite dich auf das Interview vor, indem du dir Fragen notierst. Dokumentiere das Ergebnis des Interviews.

AUFGABEN

1. a) Wie möchtest du arbeiten? Wähle mindestens sieben Merkmale aus (**M7**). Erstelle eine Pyramide. Trage dazu die Bausteine, die für dich am wichtigsten sind, ganz oben ein.
   b) Erkläre einem Partner, warum du die Begriffe so angeordnet hast.
2. Was nimmt Einfluss auf die Berufswahl? Erstelle eine Mindmap (**M8**).
3. Vergleiche deine Wünsche an einen Beruf mit den Fallbeispielen (**M8**).
4. Überprüfe nun deine Pyramide (Aufgabe 1). Bleiben alle Bausteine so stehen?

Früher war alles besser? – Veränderungen in der Arbeitswelt

M9 Erfahrungen aus einem Familienbetrieb

Carina: Philipp, du arbeitest jetzt ja schon einige Zeit mit deinem Vater zusammen. Wie ist das denn so? Ich könnte mir das gar nicht vorstellen, im gleichen Betrieb wie mein Vater zu arbeiten!
Philipp: Eigentlich ist das total cool, weil ich viel von ihm lerne. Manchmal blickt mein Vater aber nicht, dass heute viel am Computer gemacht und über das Internet abgewickelt wird.
Carina: Das kann ich mir vorstellen! Seitdem dein Vater den Betrieb aufgemacht hat, hat sich ja auch total viel verändert.

M10 Veränderungen in der Arbeitswelt

Philipp Ritzmann arbeitet seit Abschluss der Meisterschule als Tischler im Betrieb seiner Eltern. Sein Vater hat den Betrieb vor 35 Jahren gegründet und wird ihn in wenigen Jahren an seinen Sohn weitergeben.
Philipp Ritzmann: „Natürlich habe ich auch viel von meinem Vater gelernt. Wir arbeiten gerne zusammen, auch wenn wir beide sehr unterschiedlich arbeiten. Ich zeichne die Aufträge mit speziellen Computerprogrammen. Früher hat man das von Hand gezeichnet. Heute muss man, im Vergleich zu früher, viel flexibler sein und sich immer weiterentwickeln, um am Ball zu bleiben."
Jakob Ritzmann: „Ich bin sehr stolz, dass Philipp im Betrieb mitarbeitet. Er bringt viel Modernes in unser kleines Unternehmen. Früher haben wir auch die großen Holzstücke von Hand verarbeitet, dafür haben wir heute Maschinen. Dass viele unsere Kunden per E-Mail anfragen ist sicherlich sehr praktisch, so bekommen wir Anfragen aus ganz Süddeutschland – früher kamen diese nur aus unserer Region. Schnell auf die E-Mails zu reagieren ist ganz wichtig geworden – häufig beantwortet Philipp die E-Mails sogar sonntags. Eigentlich finde ich das nicht gut, aber wenn man nicht schnell antwortet, bekommt jemand anders den Auftrag."

Tischler in einer modernen Möbel Manufaktur.

Schreiner 1930 in Mühlacker-Lomersheim.

M11 Entwicklung der Arbeitswelt nach Wirtschaftssektoren

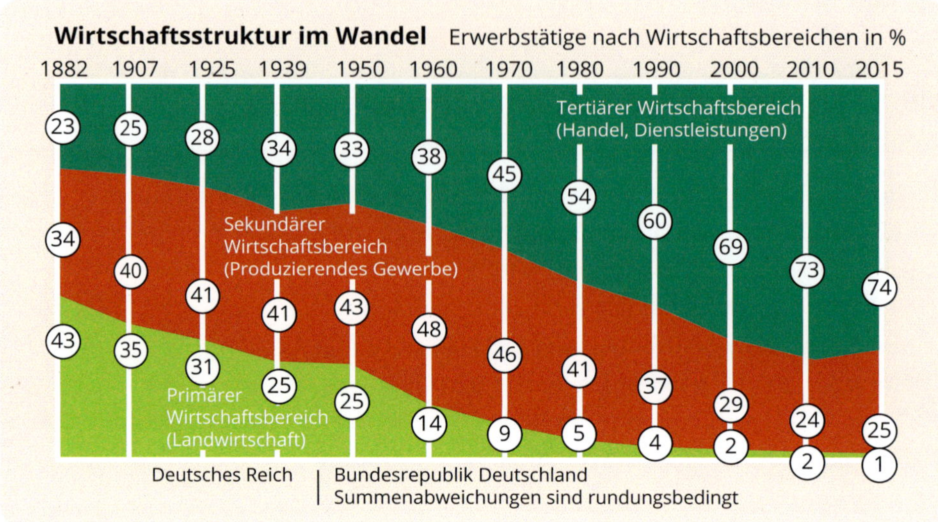

Nach: Bergmoser + Höller Verlag AG, 220020

M12 Die Einteilung der Wirtschaft in Sektoren

primär
= erster

sekundär
= zweiter

tertiär
= dritter

quartär
= vierter

Wirtschaftssektoren

Primärer Sektor

derjenige Teil der Gesamtwirtschaft, der sich mit der Urproduktion von Rohstoffen befasst. Dazu zählen Landwirtschaft, Forstwirtschaft, Fischerei und der Bergbau.

Spektrum Akademischer Verlag, Heidelberg 2001

Sekundärer Sektor

der Wirtschaftsbereich, in dem Rohstoffe be- und verarbeitet werden. Zum sekundären Sektor gehören Industrie (einschließlich Energiegewinnung und Weiterverarbeitung von Bergbauprodukten), Bauwesen, Handwerk und Heimarbeit.

Spektrum Akademischer Verlag, Heidelberg 2001

Tertiärer Sektor

Bereich der Wirtschaft, der im Gegensatz zu den Bereichen Land- und Forstwirtschaft (primärer Sektor) und produzierendes Gewerbe (sekundärer Sektor) keine Sachgüter produziert, sondern Dienstleistungen bereitstellt.

Duden Wirtschaft von A bis Z: Grundlagenwissen für Schule und Studium, Beruf und Alltag. 6. Aufl. Mannheim 2016

Quartärer Sektor

In diesem Bereich werden die Tätigkeiten zusammengefasst, die sich rund um die Erstellung, Verarbeitung und Verteilung von Informationen (Wissen) bewegen. (z. B. Handel, Medien, Bildungswesen, Verkehrswesen, Gesundheitswesen, Verwaltung)

Roland Detsch, www.cpw-online.de, 2007

STRUKTURWANDEL

Der Strukturwandel der Arbeitswelt zeigt sich im Entstehen und Verschwinden ganzer Wirtschaftszweige und Berufe. Dazu zählen auch die Veränderungen von Arbeitszeiten und Beschäftigungsverhältnissen.
Der wirtschaftliche Strukturwandel bildet einen Trend ab, indem der primäre (Land- und Forstwirtschaft) und sekundäre Sektor (Industrie) an Bedeutung abnehmen, während der tertiäre Sektor (Dienstleistungen) an Bedeutung zunimmt. Im Zuge der zunehmenden Vernetzung über das Internet entsteht ein vierter Sektor, der vor allem Bereiche des Wissenstransfers beinhaltet. Der Strukturwandel hat zur Folge, dass Arbeitnehmer mobiler und flexibler werden müssen. Gleichzeitig werden Freizeit und Arbeitszeit dadurch individuell gestaltbarer. Zusätzlich verlangen neu entstehende Jobs zunehmend höhere Qualifikationen der Beschäftigten.

M13 Leben in einer digitalen Welt

Philipp: Wie sieht's denn mit deinem Job aktuell aus?
Carina: Meine Jobwahl als Mediengestalterin war schon richtig. Meine Kollegen sagen, dass sich auch bei uns total viel verändert hat. In der Produktion arbeiten nur noch Roboter. Und mein Schreibtisch besteht sowieso nur aus einem Computer. Ohne den geht bei uns wirklich gar nichts mehr.
Philipp: Echt? Das ist ja krass. ...

M14 Der digitale Wandel

Der digitale Wandel vollzieht sich auf drei Ebenen:
1. Neue, immer leistungsfähigere Technologien: Das Arbeiten wird zunehmend vernetzt. Der Informationsaustausch kann prinzipiell von überall und zu jeder Uhrzeit erfolgen, auch über Ländergrenzen hinweg. Die Arbeitsprozesse werden von IT-Systemen unterstützt, kontrolliert und teilweise sogar gesteuert. Bestimmte Arbeitsschritte werden dadurch entbehrlich, andere kommen neu hinzu.
2. Neue Dienstleistungen, Produkte und Geschäftsmodelle: Es entstehen neue Berufsbilder, zum Beispiel Mediengestalter Digital und Print, und digital erzeugte Produkte, zum Beispiel durch 3-D-Drucker. Online-Plattformen schaffen mit ihren Geschäftsmodellen neue zentrale Marktplätze nicht nur für Informationen und Waren, sondern auch für Arbeit und Dienstleistungen, die vorher dezentral angeboten wurden.

entbehrlich
nicht notwendig, überflüssig

3. Neue Kommunikations-, Konsum- und Arbeitskultur: Die Menschen kommunizieren auf neuen Wegen miteinander, zum Beispiel über soziale Netzwerke, und haben veränderte Konsumvorlieben. Die Digitalisierung erlaubt flexiblere Arbeitsmodelle, zum Beispiel mobiles Arbeiten. Einerseits lassen sich dadurch Familie und Beruf besser vereinbaren, andererseits wird es durch die ständige Erreichbarkeit schwieriger, Arbeit und Freizeit zu trennen.

Christian Becker, Arbeitswelt im Wandel – Arbeiten 4.0, in: Sozialpolitik – Schülermagazin, 2017/2018, S. 17

INDUSTRIE 4.0

Die internetgestützte und hoch automatisierte sowie vernetzte Produktionsweise wird heute als Industrie 4.0 bezeichnet.
Durch die umfassende Vernetzung aller Arbeitsbereiche, stehen alle Informationen in dem Moment zur Verfügung, in dem sie entstehen. Entscheidungen können deshalb schneller gefällt und Prozesse und Abläufe besser optimiert werden. Die Integration von Informations- und Kommunikationstechnologie (IKT) in die Arbeitsprozesse ermöglicht einen schnellen Wissenstransfer zwischen den Beteiligten.

AUFGABEN

1. Betrachte die Bilder in **M10**. Wie stellst du dir den Arbeitsalltag in beiden Situationen vor? In welcher Situation würdest du lieber arbeiten?
2. Beschreibe, wie sich die Anforderungsprofile an Arbeitnehmer im Laufe der Zeit verändert haben (**M10**).
3. Erläutere die veränderte Arbeitswelt mit der Entwicklung der Wirtschaftssektoren (**M11**, **M12**).
4. Vervollständige Philipps Antwort (**M13**). Wie würdest du reagieren?
5. Ergänze die Eigenschaften der Arbeitnehmer aus Aufgabe 2. Beschreibe, welche Eigenschaften sie speziell für die Herausforderungen der Digitalisierung mitbringen müssen (**M14**, **#Industrie 4.0**).
6. Besucht einen Handwerksbetrieb und fragt nach, was sich dort in den letzten Jahrzehnten im Arbeitsalltag der Mitarbeiter verändert hat. Vergleicht die Aussagen mit euren Ergebnissen.
7. Beschreibe, was die Entwicklung der Arbeitswelt für deine Berufswahl bedeutet.
8. Beurteile die Entwicklungen in der Arbeitswelt. Welche Entwicklungen sind positiv, welche siehst du kritisch (**M10**, **M14**)?

H zu Aufgabe 1
Denke dabei zum Beispiel an Punkte wie die Lautstärke, Arbeitsgeschwindigkeit, Kontakt zu Kollegen ...

F zu Aufgabe 7
Recheriere im Internet, welche neuen Berufsfelder durch das Internet und die Industrie 4.0 entstanden sind.

H zu Aufgabe 8
Du hast in Aufgabe 2 und 5 bereits die wichtigsten Veränderungen aus den Materialien herausgearbeitet.

GRUNDWISSEN

WAS KANN ICH, WAS WILL ICH?

HÖR IN DICH HINEIN: WAS WILLST DU? (M1-M7)

Es ist – auch für Erwachsene – gar nicht so einfach, sich zu überlegen, was man im Leben möchte. Je besser man aber darüber Bescheid weiß, desto besser kann man auch seinen Berufsweg planen.

Für die Wahl eines Berufs ist es wichtig zu wissen, in welchen Bereichen die individuellen Interessen und Stärken liegen. Wenn man etwas gerne tut, macht man es meist auch gut. Und jeden Morgen gerne zur Arbeit zu gehen, ist die beste Voraussetzung für ein zufriedenstellendes und erfolgreiches Berufsleben.

Zur inneren Orientierung gehört es auch, sich zu überlegen, wie man arbeiten möchte. So haben manche Berufe ihre Tätigkeitsschwerpunkte beispielsweise im Freien. In anderen Berufen arbeitet man in einem Büro oder in einem Geschäft.

EINFLUSSFAKTOREN AUF DIE BERUFSWAHL (M8)

Verschiedene Faktoren haben unterschiedlichen Einfluss darauf, welcher Beruf in die nähere Auswahl kommt: Dem Einen ist es wichtig, dass der Arbeitsplatz sicher ist. Dem Anderen sind die Aufstiegs- und Verdienstmöglichkeiten besonders wichtig. Für den Nächsten ist die Hauptsache, dass er im Kontakt mit anderen Menschen arbeiten kann. Jeder stellt andere Faktoren in den Vordergrund – und das ist auch richtig so.

VERÄNDERUNGEN IN DER ARBEITSWELT (M9-M14)

Die Arbeitswelt ändert sich im digitalen Zeitalter rasant. Veränderungen sind insbesondere die Digitalisierung, die Flexibilisierung und die Internationalisierung der Arbeit. Nur wenige Menschen arbeiten heute ihr ganzes Leben lang im gleichen Beruf oder Unternehmen.

Zu den Veränderungen in der Arbeitswelt zählt auch, dass sich die Wirtschaftsstruktur in Deutschland stark verändert hat. Vergleicht man die Struktur heute mit der vor 100 Jahren, so haben der primäre und sekundäre Sektor an Bedeutung verloren. Der tertiäre und quartäre Sektor werden immer wichtiger.

Im Rahmen des digitalen Wandels sind die Technologien, mit denen wir arbeiten, zunehmend vernetzt. Berufe, die es früher gegeben hat, gibt es so nicht mehr oder ihre Anforderungen werden hinsichtlich der Digitalisierung komplexer. Gleichzeitig entstehen aber auch viele neue Berufe (wie z. B. Mediengestalter).

1.2 Viele Wege führen zum Beruf ...

Wie kann es nach der Schule weitergehen?

Nach dem Schulabschluss hast du verschiedene Möglichkeiten, wie es für dich weitergehen kann. Manche machen eine duale Ausbildung, andere eine schulische Ausbildung oder gehen auf eine weiterführende Schule. Wieder andere machen ein soziales Jahr, bevor sie sich entscheiden. Doch was ist für dich der richtige Weg?

M1 Wie weiter nach der Schule? Viele Möglichkeiten zwischen FSJ, Ausbildung und Schule

a) Freiwilligendienste

Phillip (18)

„Nach der Mittleren Reife wusste ich nicht so richtig, wie es weitergehen soll mit mir. Außerdem hatte ich nach so vielen Jahren in der Schule erstmal keine Lust mehr zu lernen. Da ich schon immer gerne anderen Menschen geholfen habe und im medizinischen Bereich interessiert bin, mache ich gerade ein FSJ im Krankenhaus. So habe ich festgestellt, dass das genau das Richtige für mich ist! Ich habe mich nun für eine schulische Ausbildungsstelle als Gesundheits- und Krankenpfleger beworben."

Das FSJ (**Freiwilliges Soziales Jahr**) bietet neben dem FÖJ (**Freiwilliges Ökologisches Jahr**) und **Bundesfreiwilligendienst (BufDi)** die Möglichkeit, Einblick in verschiedene Berufsfelder zu bekommen. Ein Einsatz als FSJler, FÖJler oder BufDi dauert zwischen 6 und 24 Monaten. Man erhält in dieser Zeit ein Taschengeld. Die Freiwilligen leisten einen wichtigen Beitrag zum Zusammenleben in der Gesellschaft. Einsatzbereiche können z. B. sein: Kindertagesstätte, Umweltschutzverbände, Museen, Sportvereine, Kirchengemeinden, Feuerwehr, Flüchtlingsunterkünfte, Rettungsdienst, Seniorenheime ...

b) Eine duale Ausbildung

Carina (16)

„Gemeinsam mit meinen zwei Brüdern und meinem Vater haben wir schon als Kinder an Autos geschraubt. Mein Berufsorientierungspraktikum hier im Betrieb hat meine Entscheidung dann bekräftigt.
Ich habe mich für eine duale Ausbildung entschieden, weil ich auf jeden Fall gleich ins Berufsleben starten und Geld verdienen wollte. Nach der Ausbildung habe ich viele Möglichkeiten weiter zu machen – z. B. den Meistertitel. Dann könnte ich mit meinem Bruder vielleicht eine eigene Werkstatt aufmachen ..."

Die **duale Ausbildung** erfolgt an zwei Orten: In der **Berufsschule** und im **Betrieb**. Die meisten der 350 anerkannten Ausbildungsberufe werden so erlernt. In der Berufsschule lernt man das theoretische Wissen und im Ausbildungsbetrieb die praktischen Fähigkeiten.
Die Ausbildung dauert - je nach Beruf - zwischen 2,5 und 3,5 Jahren. Im Laufe der Ausbildung muss man eine Zwischenprüfung und eine Abschlussprüfung (im Handwerk: Gesellenprüfung) ablegen. Duale Ausbildungsberufe sind z. B.: Medizinische Fachangestellte, Bürokaufmann, Gärtner, Verkäufer u.v.m.
Während der Ausbildung erhält man eine Ausbildungsvergütung, die vom Ausbildungsberuf abhängig ist. Schulische Voraussetzungen sind vom gewählten Beruf und vom Arbeitgeber abhängig.

c) Eine schulische Ausbildung

„Ich habe mich für eine Ausbildung zur PTA (pharmazeutisch-technischen Assistentin) entschieden. Das ist eine schulische Ausbildung. Es gibt so viel zu lernen über Arzneimittel, die Wirkungen verschiedener Stoffe, den Aufbau des Körpers ... Daher verläuft die Ausbildung zunächst zwei Jahre in der Ausbildungsschule. Aber danach steht ein langes Praktikum in einem Betrieb."

Mihra (16)

Bei einer **schulischen Ausbildung** wird man an einer Schule auf seinen zukünftigen Beruf vorbereitet. Die Ausbildung findet an Berufsfachschulen und an Schulen des Gesundheitswesens statt. Man hat weiterhin 12 Wochen Ferien im Jahr. Während der Ferien muss ein **Praktikum** im Beruf absolviert werden. Eine schulische Ausbildung an einer staatlichen Berufsfachschule oder einem Berufskolleg ist kostenlos. Private Schulen hingegen verlangen oft Schulgeld. Es besteht die Möglichkeit, staatliche Hilfen zu beantragen.
Neben den pharmazeutisch-technischen Assistenten werden z. B. auch Physiotherapeuten, Erzieher, Kinderkrankenpfleger, Fremdsprachenkorrespondenten und Designer an Berufsfachschulen ausgebildet. Die Ausbildung dauert 1-3,5 Jahre. Voraussetzung ist meist ein mittlerer Bildungsabschluss. Nach der Ausbildung gibt es die Möglichkeit zur Weiterqualifizierung, z. B. zum Fachwirt für Erziehungswesen.

d) Eine weiterführende Schule

Roman (17)

„Nach einem Praktikum bei einem Architekten habe ich erkannt, dass es genau das ist, was ich machen möchte. Da man für ein Architekturstudium Abitur braucht, habe ich mich nach der mittleren Reife für eine weiterführende Schule beworben. Empfehlen würde ich das aber nur guten Realschülern, denn man muss viel lernen und der Stoff wird deutlich anspruchsvoller. Ich jobbe außerdem noch an einer Tankstelle, um mir Geld dazu zu verdienen."

Strebt man einen höheren Bildungsabschluss an, so besucht man nach der mittleren Reife vielleicht eine **weiterführende Schule**: ein berufliches Gymnasium oder ein Berufskolleg.

Am **beruflichen Gymnasium** (Technisches Gymnasium, Wirtschaftsgymnasium, Ernährungswissenschaftliches Gymnasium, Biotechnologisches Gymnasium, Agrarwissenschaftliches Gymnasium, Sozialpädagogisches Gymnasium) erreicht man das Abitur in 3 Jahren. Man kann an allen Hochschulen studieren.

Im **Berufskolleg** bekommt man eine schulische Ausbildung und die Fachhochschulreife innerhalb von 1-3 Jahren. Es gibt z. B. ein Berufskolleg für Ernährung und Hauswirtschaft oder Wirtschaft.

Ob man am beruflichen Gymnasium oder Berufskolleg angenommen wird, hängt von der Anzahl der Bewerber ab. Wegen wachsender Bewerberzahlen stiegen die Notenanforderungen in den letzten Jahren. Schulische Voraussetzungen sind ein gutes Zeugnis.

H zu Aufgabe 1a)
Orientiert euch an folgenden Fragen:
Was kennzeichnet den Weg? Wie lange dauert er? Wie ist die finanzielle Situation währenddessen? Welche Möglichkeiten bieten sich danach? Warum haben die vier Jugendlichen diesen Weg eingeschlagen?

AUFGABEN

1. a) Teilt die verschiedenen Wege der Berufsausbildung untereinander auf und beschreibt sie arbeitsteilig in vier Gruppen (**M1**).
   b) Führt ein Gruppenpuzzle durch: Trefft euch mit Mitgliedern der anderen Gruppen. Informiert euch gegenseitig und erstellt eine tabellarische Übersicht.
2. Beurteile, welcher Berufsweg am besten zu dir und deinem Berufswunsch passen könnte. Nenne dazu das für dich wichtigste Argument.

KOMPETENZ: Methode

Eine Befragung durchführen

Eine Ausbildungsmesse zum Beispiel eignet sich dafür, eine Befragung durchzuführen. Denn hier trefft ihr auf viele Experten.

	Beispiele	Hinweis / Tipp
Die Vorbereitung		
Bildet Kleingruppen. Klärt folgende Punkte:		
– Was möchtet ihr mit eurer Befragung herausfinden?	z. B. Welche Faktoren waren bei der eigenen Berufswahl entscheidend ...	Arbeitet jede eurer Gruppen mit den gleichen Fragen, so bekommt ihr viele Daten zu eurem Thema. Möchtet ihr Ergebnisse zu vielen Themen, so sprecht euch untereinander ab! Themen könnten z. B. sein: Berufsfelder, Faktoren der Berufswahl, Berufe, Arbeitszeiten ...
– Wen möchtet ihr befragen?	z. B. Erwachsene mit abgeschlossener Ausbildung	
Entscheidet euch für eine Befragungsart.	Es gibt verschiedene Möglichkeiten, eine Befragung durchzuführen: – schriftlich, z. B. mit einem Fragebogen in Papierform – in Form eines Interviews (persönlich, telefonisch)	Die schriftliche Befragung eignet sich insbesondere dann, wenn eine größere Anzahl an Personen befragt werden soll.
Sammelt geeignete Fragestellungen. Einigt euch anschließend auf die besten Fragen.	Formuliert eure Fragen so, dass sie möglichst kurz und eindeutig sind. Dabei könnt ihr offene und geschlossene Fragen stellen.	*Beispiel für eine offene Frage:* „Welche Faktoren waren bei Ihrer Berufswahl entscheidend?" Individuelle Antworten *Beispiel für eine geschlossene Frage:* „Wie lange dauerte Ihre Berufsausbildung? – 2,5 Jahre – 3 Jahre – länger"
Gestaltet euren Fragebogen am Computer.		
Die Durchführung		
Stellt euch der Person, die ihr befragen möchtet, freundlich vor und fragt, ob sie bereit ist, die Fragen zu beantworten.	Nennt eure Namen, eure Schule, euer Thema und wofür ihr die Befragung durchführt.	Achtet darauf, keine Person zu befragen, die schon von anderen Gruppen befragt wurde. Gebt eine Einschätzung, wie lange die Befragten sich Zeit nehmen sollten (z. B. 5 Minuten).
Bedankt euch am Ende für die Teilnahme an eurer Befragung.		
Die Auswertung		
Fasst die Antworten zusammen und visualisiert sie.		Überlegt zuvor, welche Visualisierung geeignet ist (Säulen-, Balken-, Kreisdiagramm).
Erstellt ein Plakat.		
Präsentiert die Ergebnisse eurer Klasse.		Reflektiert dabei auch eure Erfahrungen mit dem Erstellen eines Fragebogens und der Durchführung einer Befragung.

Wie fange ich an? Orientierung und Unterstützung bei der Berufswahl

In Deutschland gibt es über 300 Ausbildungsberufe. Wie bekommst du nun heraus, in welchen Berufen deine Interessen und deine Fähigkeiten am besten aufgehoben sind? Was kannst du selbst machen und wer kann dir helfen?

M2 Von Interessen zu Berufsfeldern ...

Damit du einen passenden Beruf findest, musst du von deinen Interessen und Fähigkeiten zu möglichen Tätigkeiten und anschließend möglichen Berufen kommen.

Der amerikanische Psychologe John Holland formuliert sechs allgemeine Interessensorientierungen. Jede Person verfügt über alle Interessen, nur eben in verschiedener Ausprägung. Ausgehend von den Interessen lassen sich Tätigkeiten benennen und Berufsfelder gruppieren. Berufe in einem Berufsfeld haben ähnliche Tätigkeiten oder arbeiten mit ähnlichen Materialien.

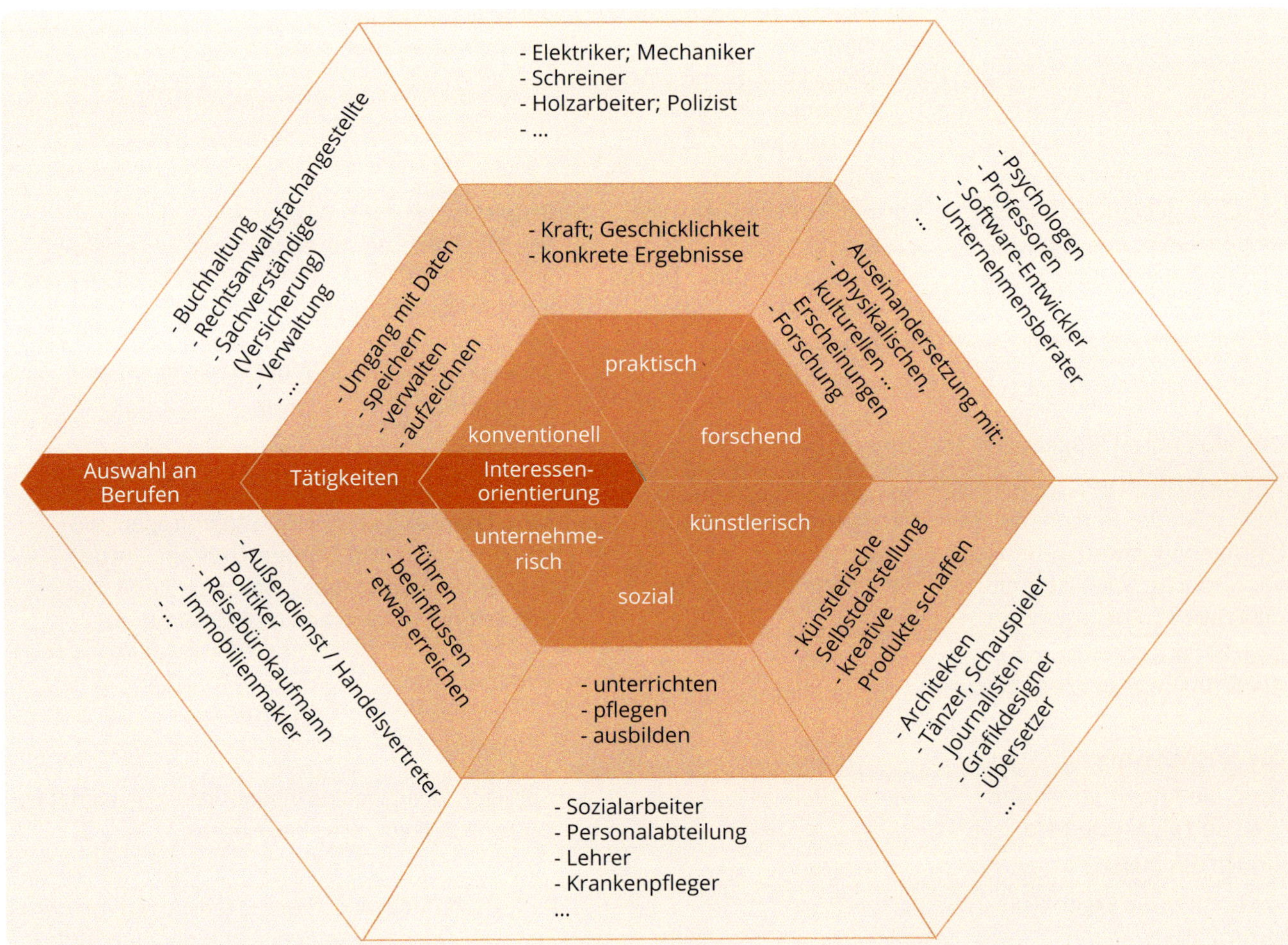

Autorengrafik nach John Holland

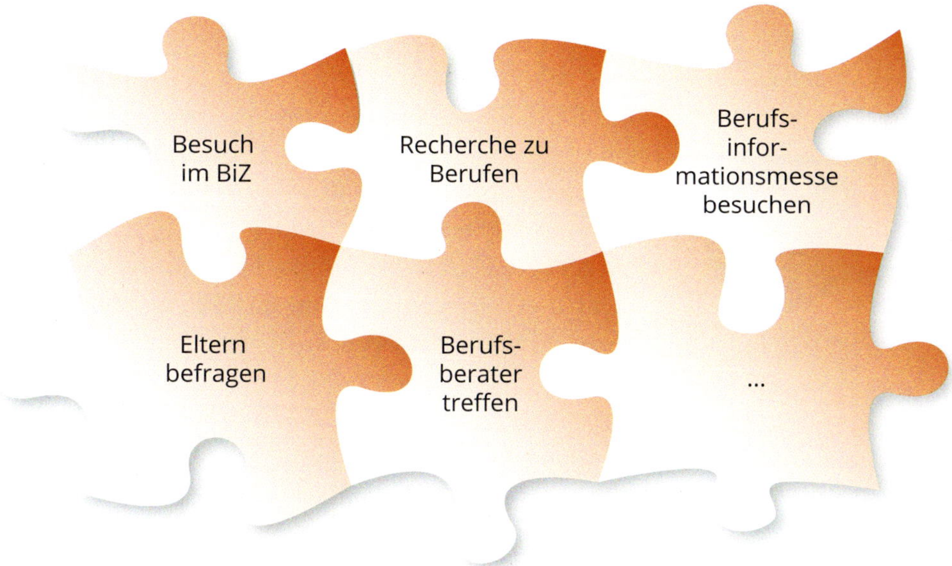

M3 Ein Besuch im Berufsinformationszentrum

Das Berufsinformationszentrum (BiZ) ist eine Einrichtung der Bundesagentur für Arbeit. Bürgerinnen und Bürger bekommen hier Informationen zu den Themen Bildung, Beruf und Arbeitsmarkt. Das BiZ ist in verschiedene Themeninseln eingeteilt. Unter der Themeninsel Ausbildung und Studium bekommt man durch Online- und Print-Medien Informationen über Berufe und Berufsfelder.

BiZ Berufs Informations Zentrum

M4 Deine Eltern befragen

Deine Eltern standen einmal genau am gleichen Punkt und waren vielleicht genauso ratlos oder schon genauso zielstrebig wie du heute. In jedem Fall haben sie bereits Erfahrungen auf dem Arbeitsmarkt gesammelt. Sie sind zwar keine Berufsberater, aber können dir trotzdem Tipps geben und dich unterstützen.
Und ganz wichtig: Sie kennen deine Stärken und Schwächen besonders gut!

M5 Ein Besuch bei der Berufsinformationsmesse

Auf einer Berufsinformationsmesse stellen Arbeitgeber der Region ihren Betrieb und ihre Ausbildungsberufe vor. Vorteilhaft ist, dass man so Informationen aus erster Hand und in kurzer Zeit erhalten kann. Um die kurze Zeit nutzen zu können, sollte man sich vorbereiten: Überlegen, über welche Berufe und Betriebe man Informationen einholen möchte. Dazu muss man recherchieren, welche Betriebe bei der Messe ausstellen werden.

M6 Recherche-Tipps zur Berufswahl

Im *BERUFE-Universum* gehst du deinen Fähigkeiten und Interessen auf die Spur. Das BERUFE-Universum schlägt dir dann passende Berufe vor. www.portal.berufe-universum.de
Du recherchierst lieber offline? Das „BERUF aktuell" beinhaltet Kurzbeschreibungen zu Ausbildungsberufen und Bildungsgängen an beruflichen Schulen.

Der *Berufe-Entdecker* zeigt dir Fotos von typischen Arbeitsbereichen. Du entscheidest, ob dir die Bilder gefallen oder nicht. Auf dieser Basis schlägt dir der Berufe-Entdecker passende Berufe vor. www.entdecker.biz-medien.de

Unter *planet-beruf.de* erhältst du viele Anregungen für deine Berufswahl, z. B. Tagesabläufe von Ausbildungsberufen. www.planet-beruf.de

berufezappen! Auf www.youtube.com/berufezappen kannst du Kurzfilme zu Ausbildungsberufen ansehen.
Dazu gehört auch die Seite www.gut-ausgebildet.de. Hier erhältst du viele hilfreiche Informationen zu Berufsausbildungen.

M7 Was macht eigentlich ein Berufsberater?

planet-beruf.de: Was sind die Aufgaben der Berufsberatung?
Joachim Kolberg: Wir unterstützen Jugendliche bei der Berufswahl in den Phasen Orientieren, Entscheiden und Bewerben. Zu unserem Angebot für Schüler und Schülerinnen zählen berufsorientierender Unterricht, Sprechtage in der Schule (kurze Gespräche) und Einzelberatungen mit festem Termin und mehr Zeit. Außerdem vereinbaren wir BiZ-Termine und betreuen die Schüler dort im Klassenverband.
Wenn sich ein Kind für einen Beruf entschieden hat, vermitteln wir Ausbildungsstellen und übernehmen unter bestimmten Voraussetzungen die Bewerbungskosten. Für Eltern und Betriebe organisieren wir z. B.

Elternabende oder Messen.

Bei welchen Fragen hilft die Berufsberatung weiter?

In der Orientierungsphase hören wir oft den Satz „Ich weiß nicht, was ich werden soll!" oder „Wie kann ich meine Stärken und Talente entdecken?". Wir stellen dann oft im Gespräch fest, dass die Jugendlichen sehr viel über sich wissen, sie können es nur nicht einordnen. Dabei helfen wir als Berufsberatung weiter. Das Gleiche gilt für den Fall, wenn ein Kind vor der Entscheidung zwischen mehreren Alternativen steht. Auch hier beraten wir gerne und geben Entscheidungshilfen.

Warum ist eine persönliche Beratung wichtig?

Der entscheidende Punkt ist, dass Schüler aufgrund des großen medialen Angebots oft gar nicht wissen, wo sie bei der Informationsbeschaffung starten sollen. Ich sehe die Berufsberatung als Kompass, der einem Jugendlichen hilft, sich im umfangreichen Angebot zurechtzufinden.

www.planet-beruf.de, 13.8.2014

So erreichst du einen Berufsberater!

Agentur für Arbeit:

Tel. 0800.4 555 500

AUFGABEN

1. a) Teilt die in **M1** genannten Berufsfelder untereinander auf. Recherchiert in Gruppen im Internet Informationen zu den genannten Berufen (**M2**).
   b) Erstellt ein Plakat, auf dem ihr euer Berufsfeld und ausgewählte Berufe des Berufsfeldes präsentiert. Stellt eure Ergebnisse in einem Galeriespaziergang der Klasse vor.
2. a) Führe das „Berufe-Universum" oder den „Berufe-Entdecker" durch (**M6**).
   b) Vergleiche die Ergebnisse aus dem Online-Programm mit deinen vorhergehenden Ergebnissen.
3. Erstelle eine Hitliste der Top-Drei-Ausbildungsberufe, die am ehesten für dich in Frage kommen (**M2**-**M6**).
4. a) Formuliere Fragen, bei denen dir ein Berufsberater helfen kann (**M7**).
   b) Ladet den/die Berufsberater/in in euren Unterricht ein.
5. Erstelle einen Zeitplan für deine Berufswahl. Arbeite in deinen Zeitplan auch einen Plan B ein und nenne mindestens drei Berufe deiner Wahl.

Verschiedene Wege in Leben und Beruf

Muss ich jetzt unbedingt auf die weiterführende Schule gehen, wenn ich später vielleicht noch studieren will? Was soll ich machen, wenn ich meine lang ersehnte Ausbildungsstelle nicht gleich bekomme? Bei vielen Menschen verläuft das berufliche Leben nicht geradlinig. Wenn du alternative Wege kennst und einen Plan B für dich entwickelst, kannst du den Herausforderungen der Berufswelt zuversichtlich entgegentreten.

M8 Führen alle Wege nach „Rom"?

Ahmed Volz

Nach meiner Ausbildung zum Fahrzeuglackierer und einigen Jahren Berufserfahrung bot mir mein Chef an, den Meistertitel zu erwerben. Die Zeit war sehr anstrengend, da ich den Unterricht zusätzlich zu meiner normalen Tätigkeit besucht habe und auch die Prüfung war sehr anspruchsvoll. Gelohnt hat es sich allerdings. Ich bin heute Filialleiter einer Niederlassung meines Chefs. Ich verdiene deutlich besser als direkt nach der Ausbildung und kann über viele Bereiche des Unternehmens entscheiden. Manchmal denke ich darüber nach, einen eigenen Betrieb zu eröffnen. Das ermöglicht mir der Meistertitel nämlich auch.

Rahel Inhetveen

Nach meiner mittleren Reife habe ich zunächst eine Ausbildung zur Goldschmiedin absolviert. Leider musste mein damaliger Arbeitgeber den Betrieb schließen. Da ich mit meiner Familie auf dem Land lebe, gab es für mich trotz langer Arbeitssuche keine Möglichkeit, in einen anderen Betrieb zu wechseln.
Es gibt nämlich nur wenige Goldschmiede und ich muss mich nachmittags um die Kinder kümmern. Das Arbeitsamt hat mir vorgeschlagen, eine Umschulung zur Bürokauffrau zu machen. Dann könnte ich evtl. auch von zu Hause aus arbeiten. Bis dahin arbeite ich nebenbei selbstständig als Goldschmiedin, denn dafür schlägt mein Herz und das ist mir wichtig.

Klara Lässig

Nach der mittleren Reife habe ich mein Abitur an einem Wirtschaftsgymnasium gemacht. Für mich war schon während der Schulzeit klar, dass ich in jedem Fall studieren möchte. Im Anschluss an mein duales Studium Hotelmanagement habe ich zunächst in einem kleinen Hotel im Schwarzwald in der Nähe von meinem Heimatort gearbeitet. Im Betrieb gab es für mich nur begrenzte Aufstiegschancen. Deshalb habe ich vor einem Jahr in ein großes Hotel nach Stuttgart gewechselt. Meine Heimat fehlt mir zwar manchmal, aber um beruflich erfolgreich zu sein, habe ich das gerne in Kauf genommen.

Als ich meine Ausbildung zum Erzieher abgeschlossen hatte, habe ich zunächst einige Jahre in einem großen Kindergarten in Freiburg gearbeitet. Vor zwei Jahren haben meine Frau und ich unser erstes Kind bekommen. Meine Frau verdient besser als ich und in ihrem Beruf als Notärztin ist es nicht so einfach, Familie und Beruf miteinander zu vereinbaren. Deshalb haben wir uns entschieden, dass ich jetzt eine Zeit lang selbstständig als Tagesvater arbeite. In unserem Wohnviertel leben viele Familien mit kleinen Kindern und Betreuungsplätze sind rar. Dadurch lässt sich nun meine Berufstätigkeit gut mit unserem Familienleben vereinbaren: Jeden Tag kommen vier Kinder zu uns, die ich über den Tag betreue.

Lukas Schneider

M9 Lebenslanges Lernen

AUFGABEN

1. Zeichne die beruflichen Wege der Personen (**M8**) jeweils in einem Flussdiagramm.
2. Erkläre, warum lebenslanges Lernen und Flexibilität häufig Voraussetzungen für ein erfolgreiches Berufsleben sind (**M8, M9**).

H zu Aufgabe 1
Beginne mit dem Schulabschluss bzw. der Ausbildung und gehe dann chronologisch vor, z. B.
Rahel → mittlere Reife → Ausbildung zur ... →

Mein Praktikum – gut vorbereiten und nutzen

Dein Berufspraktikum steht an! Bestimmt hast du dir schon viele Gedanken darüber gemacht, wie die Zeit wohl wird, die du in einem Betrieb verbringst. Sicherlich freust du dich, den Schulalltag für eine Zeit hinter dir lassen zu können. Doch wie findet man eine geeignete Praktikumsstelle? Und was sollte man im Praktikum beachten, um es als Chance zu nutzen?

M10 „Probieren geht über Studieren"

Chiara

Durch mein Berufspraktikum habe ich meine Ausbildungsstelle als Köchin bekommen. In der Praktikumszeit konnte ich zeigen, dass ich talentiert bin. Für die Einstellung waren meine Noten dann gar nicht mehr so wichtig, denn der Chef wusste ja, dass ich das kann und dass ich will!

Roman

Mein Praktikum als Industriekaufmann im Berufspraktikum mit der Schule hat mir zwar Spaß gemacht, aber danach wusste ich, dass ich das sicher nicht machen möchte. Erst war ich ziemlich deprimiert, denn viele meiner Klassenkameraden wurden in ihren Berufswünschen bestärkt. Durch weitere Praktika in den Ferien habe ich dann aber den richtigen Ausbildungsberuf für mich gefunden. Zwar hatte ich kürzere Ferien als manche Anderen, aber dafür habe ich mehrere Unternehmen kennen gelernt und bin in meiner Berufswahl ein ganzes Stück weiter.

Irina

In meinem Praktikum als Kosmetikerin musste ich die ganze Woche stehen. Das hatte ich nicht erwartet und es war unglaublich anstrengend. Normalerweise sitze ich ja den ganzen Tag in der Schule. Aber nach dem Praktikum wurde mir durch meine Betreuerin zurückgemeldet, dass ich sehr freundlich war und gut auf Menschen zugehen konnte. Eigentlich fühle ich mich nämlich eher schüchtern. Die Rückmeldung tat sehr gut.

M11 Der Weg zum Praktikumsplatz

- geeigneten Beruf wählen

- passende Betriebe/Einrichtungen suchen
(z. B. über Tageszeitungen, auf der Homepage der Arbeitsagentur, durch Bekannte, auf Homepages von Unternehmen, durch persönliches Nachfragen in Betrieben, durch Suchmaschinen im Internet ...)

- Informationen zu Betrieben sammeln:
Tätigkeitsschwerpunkte, Abteilungen, Anzahl der Mitarbeiter, Ausbildungsberufe, Ansprechpartner
- prüfen, ob/welcher gewählte Betrieb passend ist für mich

- Kontaktaufnahme vorbereiten:
Notizen machen, Praktikumsanfrage simulieren

- Kontaktaufnahme: telefonisch oder persönlich
- Tipp: Auch wenn die Betriebe nicht direkt Praktikums- oder Ausbildungsplätze ausgeschrieben haben, frag höflich persönlich nach!

AUFGABEN

1. Erkläre, warum ein Betriebspraktikum sinnvoll ist (**M10, M11**).
2. Recherchiere mindestens drei Betriebe oder Einrichtungen, die einen Praktikumsplatz für einen Beruf deiner Wahl anbieten.
3. Bereite dich zusammen mit einem Partner auf den ersten Kontakt mit dem Unternehmen vor, in dem du dein Berufspraktikum durchführen möchtest. Notiere, welche Informationen du mitteilen und was du erfragen möchtest.
4. Spielt das Telefongespräch mit dem Unternehmen. Eine Person spielt den Bewerber, eine andere den Personalleiter. Ein Dritter beobachtet das Gespräch. Wechselt die Rollen und gebt euch gegenseitig Tipps.
5. Worauf freust du dich im Praktikum? Welche Fragen hast du noch? Wovor sorgst du dich? Sammle und erstelle ein Cluster.

Mein Praktikum – im Betrieb und was dann ...?

M12 Tipps zum guten Erscheinungsbild

Lege deine Kleidung, die du am ersten Tag tragen möchtest, zurecht. Achte darauf, dass die gewählte Kleidung zu dem Beruf passt, den du erkundest. Machst du ein Praktikum bei einer Bank, solltest du z. B. in keinem Fall kurze Hosen tragen.

Am ersten Tag deines Praktikums bist du bestimmt aufgeregt. Stelle den Wecker etwas früher und mache dich frühzeitig auf den Weg, so dass du noch etwas zeitlichen Puffer hast.

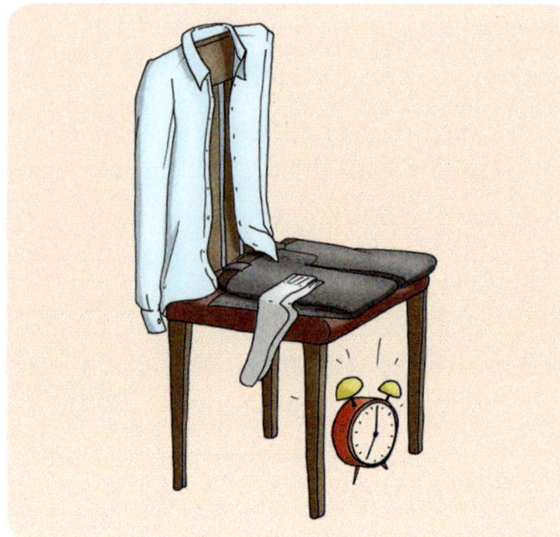

M13 Regeln im Betrieb

Damit dein Praktikum gelingt und kein Flop wird, gilt es, einige Regeln zu beachten:

- Denke daran, dass das Praktikum von den Betrieben freiwillig durchgeführt wird. Halte dich an die Regeln im Betrieb und achte auf Höflichkeit, Pünktlichkeit, Sorgfalt und Aufrichtigkeit.
- Zeige Interesse an den Tätigkeiten.
- Falls du krank werden solltest, informiere das Unternehmen und die Schule.
- Mache dir während des Praktikums täglich Notizen, damit du nach dem Praktikum dein Portfolio ergänzen kannst. Mache Fotos, sammle Flyer, Prospekte usw.

M14 Ist das was für mich?

+	–
Pro	**Kontra**
• Alle Tätigkeiten, die Spaß gemacht haben • Alle Erlebnisse, die positiv waren	• Alles, was weniger gut war • Alles, was gegen diesen Beruf spricht

M15 Um Rückmeldung bitten

Vom Betrieb bekommst du mündlich oder schriftlich eine Rückmeldung. Frage nach, wie der Betreuer deine Leistungen und dein Verhalten während des Praktikums einschätzt. Wenn du dir eine Ausbildung in diesem Beruf vorstellen kannst, finde heraus, ob es dort einen Ausbildungsplatz gibt.

M16 Vier-Ecken-Gespräch

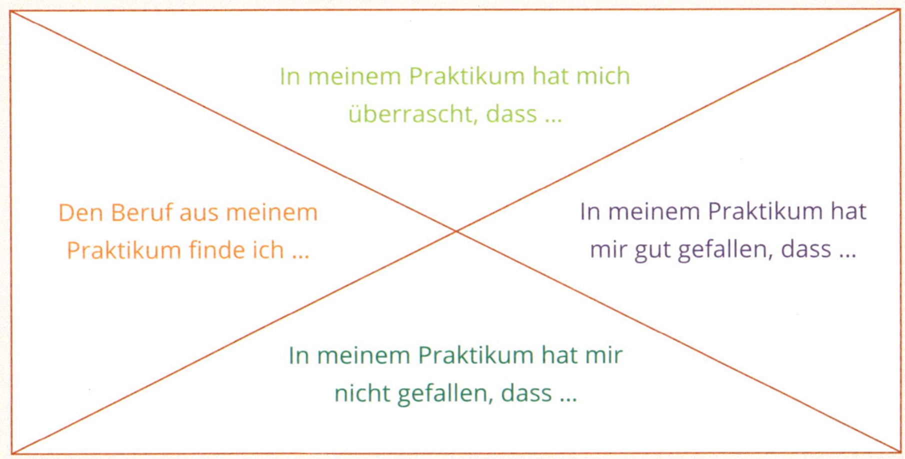

AUFGABEN

1. Führe ein Interview mit einem Auszubildenden in deinem Praktikumsbetrieb. Bereite dazu Fragen vor, z. B.:
   – Warum hat er /sie diese Ausbildung gewählt?
   – Was wird von den Auszubildenden erwartet?
   Dokumentiere dein Ergebnis.
2. Erstelle während deines Praktikums eine Pro-Kontra-Liste. Sie hilft dir dabei, zu begründen, ob dies der richtige Beruf für dich ist.
3. Hat dir dein Praktikum in Bezug auf deine Berufswahl geholfen? Bilde dir ein abschließendes Urteil (**M14**-**M16**).
4. Führt nach dem Praktikum ein Vier-Ecken-Gespräch durch. Geht zunächst zu der Ecke, die euch als erstes anspricht und setzt den jeweiligen Satzanfang fort. Danach wechselt ihr zu den anderen Ecken (**M16**).
5. Erstelle ein Informationsplakat, um deine Mitschüler über dein Praktikum zu informieren.

F Informiert euch im Jugendarbeitsschutzgesetz, welche Regeln für euch im Praktikum gelten.

H **zu Aufgabe 5**
Das Plakat sollte eine Beschreibung des Betriebs, die Tätigkeiten des Berufs und die positiven und negativen Erfahrungen beinhalten. Ziehe ein Resümee, inwiefern die Praktikumserfahrung deine Berufswahl beeinflusst.

GRUNDWISSEN

VIELE WEGE FÜHREN ZUM BERUF ...

ZWISCHEN SCHULE, AUSBILDUNG UND FREIWILLIGENDIENST ... (M1)

Nach dem Schulabschluss muss man sich zwischen verschiedenen Wegen entscheiden: Einige möchten direkt eine Ausbildung beginnen, andere möchten weiter lernen und zur Schule gehen. Wieder andere möchten zunächst etwas ganz anderes machen und sich zum Beispiel im Bundesfreiwilligendienst sozial, ökologisch oder kulturell engagieren. Den eigenen Weg muss jeder für sich finden.

VON INTERESSEN ZU BERUFEN (M2, M3, M5)

Jeder bringt Fähigkeiten und Interessen in bestimmten Bereichen mit. Man kann auch Berufe in Berufsfelder sortieren, die sich an bestimmten Interessen orientieren.
Hat man herausgefunden, welcher Bereich einem besonders liegt, so können die Berufsfelder ein Ausgangspunkt sein, verschiedene Berufe genauer in den Blick zu nehmen.

HIER BEKOMMT MAN UNTERSTÜTZUNG (M3-M7)

Das Angebot zur beruflichen Orientierung ist groß, manchmal ist es schwer, einen Überblick zu bekommen. Für den Einstieg kann das Gespräch mit einem Berufsberater hilfreich sein, der Jugendliche bei der Berufswahl und der Ausbildungsstellensuche unterstützt. Sie arbeiten bei der Agentur für Arbeit und kennen das regionale Ausbildungsangebot gut.
Im Internet gibt es unzählige Angebote zur beruflichen Orientierung, auch Berufsinformationszentren und -messen sind eine gute Anlaufstelle.

FALLS PLAN A NICHT FUNKTIONIERT: PLAN B! (M8, M9)

Immer wieder klappt es nicht so, wie wir es uns vorstellen. Das kann auch bei der Berufswahl der Fall sein, z. B. wenn man keine Zusage für einen Ausbildungsplatz bekommt, in der Region sehr wenige angeboten werden oder die Noten nicht ausreichen. Für solche Fälle ist es wichtig, dass man einen Plan B hat. Ein Plan B könnte so aussehen, dass die Ausbildung an einem anderen Ort absolviert wird, sie zu einem späteren Zeitpunkt gemacht wird (z. B. nach der Fachhochschulreife) oder dass ein anderer Beruf gewählt wird.

GRUNDWISSEN

Mein Zeitplan

Klasse 8/9

September bis Dezember
- Interessen und Stärken herausfinden
- Informationen zu verschiedenen Berufen sammeln und analysieren
- für Praktikumsplätze bewerben

Dezember bis März
- Praktikum durchführen
- Halbjahresinformation abheften

März bis Juli
- bei Banken, Versicherungen und großen Unternehmen bewerben
- weitere Praktika durchführen

Juli/August
- für Ausbildungsstelle bewerben
- ggf. weitere Praktika durchführen

Klasse 9/10

September bis Dezember
- Vorstellungsgespräche

Februar/März
- Anmeldung für weiterführende Schule (Halbjahreszeugnis)

April
- schriftliche Prüfungen

Juli
- mündliche Prüfungen
- Mittlere Reife

September
- Ausbildungsbeginn/ Beginn des Schuljahres an der weiterführenden Schule

1.3 Wie bewerbe ich mich? Von der Stellenanzeige zur Einstellung

Was erwarten Arbeitgeber?

Du hast in deinem Leben schon einige Rollen eingenommen: die als Schüler, als Sohn / Tochter, als Teamkollege oder als Freund. Die Rolle eines Arbeitnehmers kommt bald auf dich zu und stellt ganz neue Herausforderungen an dich. Was erwarten die Arbeitgeber von dir und welche Fähigkeiten solltest du zeigen?

M1 Meine Erwartungen

Jakob: Irgendwie freue ich mich ja auf die Zeit nach der Schule. Aber ich habe echt noch keine Ahnung, was da auf uns zu kommt ... Was ist, wenn ich nicht gut genug bin?
Yasemin: Genau. Was die Lehrer von mir erwarten, weiß ich ziemlich genau. Aber im Job wird bestimmt alles anders.
Aynisa: Ach, ihr zwei braucht euch doch keine Sorgen zu machen. Mit den Noten, die ihr regelmäßig schreibt ... Aber was kann ich schon vorzeigen ...?!
Jakob: Gerade du kommst doch bei Erwachsenen immer so gut an! Es geht jetzt ja nicht mehr nur um Schulnoten.

SOFT UND HARD SKILLS

Fähigkeiten einer Person werden in Soft und Hard Skills unterteilt. Hard Skills bezeichnen die Fähigkeiten, die man messen und belegen kann. Das sind z. B. Fachwissen, Sprachkenntnisse und Zeugnisse. **Soft Skills bezeichnen die soziale Kompetenz, die jemand mitbringt.** Zu den Soft Skills zählen z. B. Teamfähigkeit, Kommunikationsfähigkeit und Kritikfähigkeit. Sie werden auch Schlüsselqualifikation genannt. Eng mit den Soft Skills verknüpft ist die emotionale Kompetenz. Zu diesen Kompetenzen zählt zum Beispiel die Fähigkeit, auf andere offen zugehen zu können, Empathiefähigkeit und Motivation.

M2 Was erwartet die Wirtschaft von Schulabgängern?

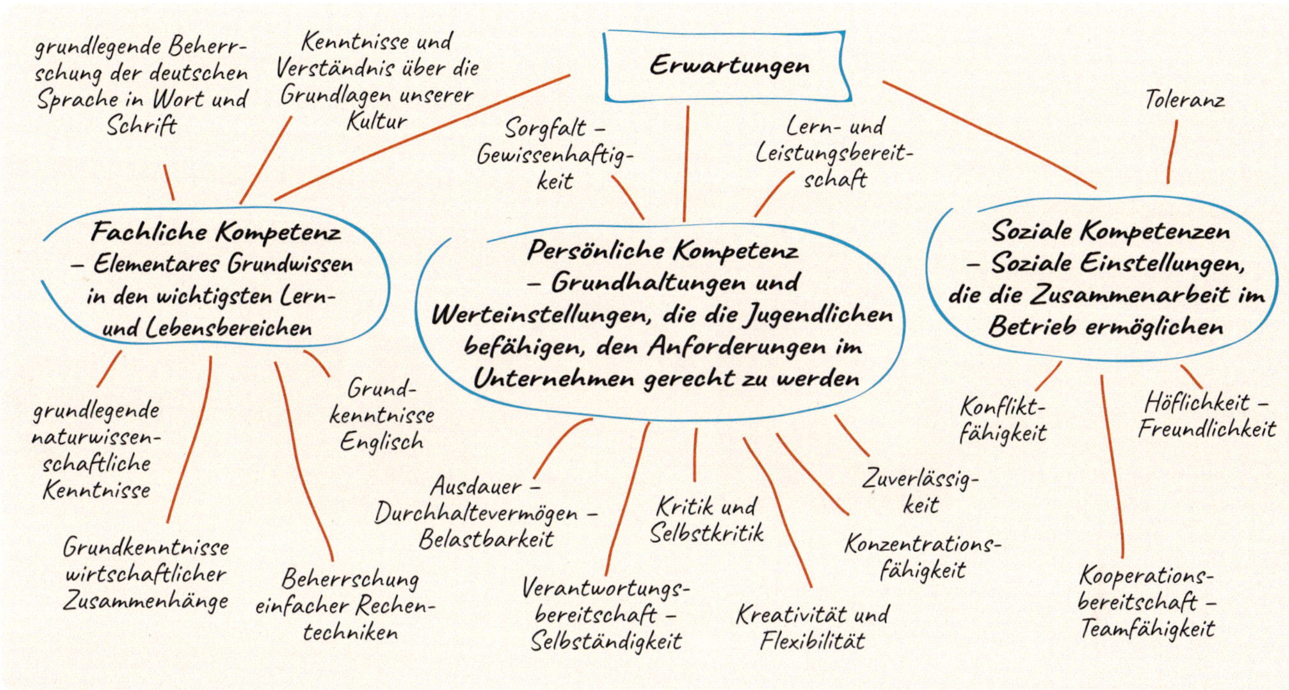

Nach: Industrie- und Handelskammer München

M3 Der Ablauf eines Bewerbungsverfahrens

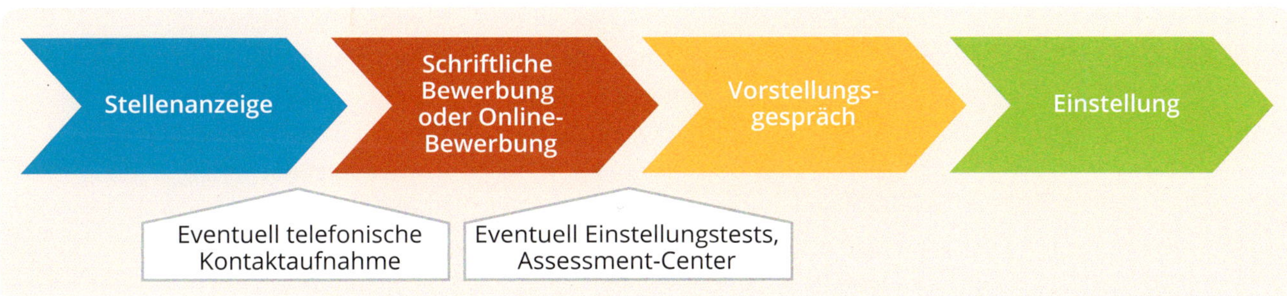

AUFGABEN

1. Arbeite die Erwartungen heraus, die an den Arbeitnehmer von heute gestellt werden (**M1**-**M2**). Welche positiven und negativen Folgen können sich für Arbeitnehmer daraus entwickeln?
2. Überprüfe, inwieweit du bereits Qualifikationen erworben hast, die Betriebe von Auszubildenden erwarten (**M2**).
3. Beschreibe den Weg von der Stellenanzeige bis zur Einstellung (**M3**).

Stellenanzeigen finden und richtig auswerten

In Tageszeitungen, auf Portalen im Internet wie z. B. StepStone, auf der Homepage der Arbeitsagentur oder der Unternehmen selbst werden Stellen ausgeschrieben. Auch auf Berufsmessen kann man sich informieren und konkrete Stellenangebote finden. Möchte man seine Ausbildung in einem Unternehmen absolvieren, das gerade keine Stelle ausgeschrieben hat, so sollte man in jedem Fall nachfragen, ob es nicht trotzdem eine freie Ausbildungsstelle gibt.

Bald geht es los, du wirst dich nach konkreten Stellenangeboten umschauen. Aber wie erfährst du von den interessanten Stellen? Wird der spannende Ausbildungsplatz wirklich in der Tageszeitung ausgeschrieben? Und was machst du, wenn dein favorisierter Arbeitgeber derzeit gar keine Stellen ausschreibt?

M4 Wie finde ich Stellenanzeigen?

KOMPETENZ: Methode

Stellenanzeigen analysieren

Stellenanzeigen erfüllen die Funktion, eine ausgeschriebene Stelle der Öffentlichkeit bekannt zu machen und damit mögliche Bewerber zu erreichen. In einer Stellenanzeige erfährt man die wichtigsten Rahmendaten für die Bewerbung: Welcher Beruf soll wann besetzt werden, welche Qualifikationen muss man mitbringen und was kann der Betrieb bieten. Oft enthalten Stellenanzeigen eine Menge Anforderungen an ihre Bewerber – seien es persönliche Eigenschaften, praktische Kenntnisse oder schulische Leistungen. Du musst diese Anforderungen aber nicht zu 100 % erfüllen. Man unterscheidet hier zwischen „Muss-Kriterien“, die für eine Einstellung unbedingt notwendig sind, und „Kann-Kriterien“, die sich das Unternehmen von den Kandidaten zwar wünscht, die aber nicht zwingend vorhanden sein müssen. [...]

Muss-Kriterien (z. B. Schulabschluss, fachliche Fähigkeiten) werden meistens so oder ähnlich beschrieben:
„... wird vorausgesetzt ...“
„Erforderlich sind ...“
„... nur berücksichtigt, wenn ...“
„Gesucht werden Bewerber mit ...“
„... unbedingt notwendig ...“
„Sie bringen mit ...“
„... wird erwartet ...“
„Sie haben ...“
„Voraussetzung sind ...“
Kann-Kriterien (z. B. praktische Erfahrungen) erkennt man an den folgenden Formulierungen:
„Idealerweise ...“
„... gerne auch Erfahrungen mit ...“
„... wären von Vorteil“
„Bevorzugt werden Bewerber ...“
„... wünschenswert“
„Wenn Sie zusätzlich noch ... mitbringen ...“
Soft & Hard Skills

www.azubiyo.de

M5 Was wird von mir verlangt, was wird geboten?

Deine Ausbildung bei KOKAR!

KOKAR
Kokar Bausanierung GmbH & Co. KG

Kaufmann/-frau für Büromanagement

Ausbildungsbeginn: am 01.09.2017 *(auch zum 01.08.2017 möglich)*

Zur Verstärkung unseres Teams suchen wir ab September 2017 eine/n Auszubildende/n als Kauffrau/Kaufmann für Büromanagement.

Kokar ist ein junger, dynamischer und wachsender Bausanierungsbetrieb. Neben dem Umbau und dem Innenausbau von kompletten Objekten bieten wir für die gesamte Region spezialisierte und hochwertige Sanierungslösungen an. Hierzu zählt die Modernisierung von Balkonen, Terrassen und Bädern, sowie die Bauwerksabdichtung.

Stellenbeschreibung:
In deiner Ausbildung bei Kokar lernst du die gesamte Vielfalt des Büroalltags kennen. Du absolvierst eine abwechslungsreiche Ausbildung und wirst schnell eigenständig Aufgaben übernehmen, die von allgemeinen Bürotätigkeiten, über die Angebots- und Rechnungsstellung bis hin zum Internetmarketing reichen.

Was du mitbringen solltest:
- Mind. mittlere Reife / Mittlerer Bildungsabschluss
- Aktuelle Noten in Mathe und Deutsch mindestens Note 3
- Gute Kenntnisse in den gängigen Techniken der Bürokommunikation (z. B. Internetanwendungen, MS Word, MS Excel oder ähnliches)
- Vorteilhaft: Erweiterte Kenntnisse im Umgang mit Online- und Computeranwendungen
- Deine Stärken: Kommunikationsfähigkeit, Lernbereitschaft, Organisationsfähigkeit, Zielstrebigkeit/Ergebnisorientierung, Zuverlässigkeit

Besonderheiten:
- 3,5 Arbeitstage pro Woche im Betrieb
- 1,5 Unterrichtstage pro Woche in der Berufsschule
- Konditionen: 30 Tage Urlaub im Jahr; gutes Azubigehalt

Wir freuen uns auf deine Bewerbung:
- Per E-Mail: kurzes Anschreiben, Lebenslauf und Zeugnisse
- Kontakt: Herr Oulabi (jobs@kokar.de)
- Kurzfristige Bewerbungsgesprächstermine möglich.

• Bausanierung • Innenausbau • Komplettbäder • Dekorbodensysteme • Balkonmodernisierung

Kokar Bausanierung GmbH & Co. KG
Daimlerstraße 10 • 71159 Mötzingen • ☎ 07452-8879257 • www.kokar.de

Kokar Bausanierung GmbH & Co. KG, 20.3.2017

AUFGABEN

1. Beschreibe den Unterschied zwischen Muss- und Kann-Anforderungen in Stellenanzeigen.
2. Arbeite die Informationen zum Unternehmen sowie Muss- und Kann-Kriterien aus der Stellenanzeige heraus (**M5**).
3. Recherchiere zwei weitere Stellenanzeigen, auf die du dich im Moment bewerben würdest, und werte sie aus.
4. Gestalte eine Stellenanzeige für deinen Wunsch-Ausbildungsplatz.

F zu Aufgabe 3
Benenne die in den Stellenanzeigen geforderten Soft und Hard Skills.

Für sich werben: Die Bewerbung

Jetzt musst du die Bewerbungsunterlagen erstellen. Hier gilt es einiges zu beachten! Der gewünschte Weg des Versands wird häufig in der Stellenanzeige genannt – besonders wichtig sind hier aber die Form und die Vollständigkeit.

M6 Die Bewerbungsmappe

www.azubiyo.de

In eine Bewerbungsmappe gehören die wichtigsten Unterlagen zu deinem Werdegang in ansprechender Form.

M7 Bewerbung digital – per E-Mail oder als Online-Formular

Bei der **E-Mail-Bewerbung** versendest du die vom Unternehmen geforderten Unterlagen als Dateianhang. Im besten Fall speicherst du alle Bewerbungsdokumente als eine pdf-Datei ab. Gewöhnlich schreibst du in den E-Mail Text nur hinein, für welche Stelle du dich bewirbst und dass die Dokumente im Anhang zu finden sind.

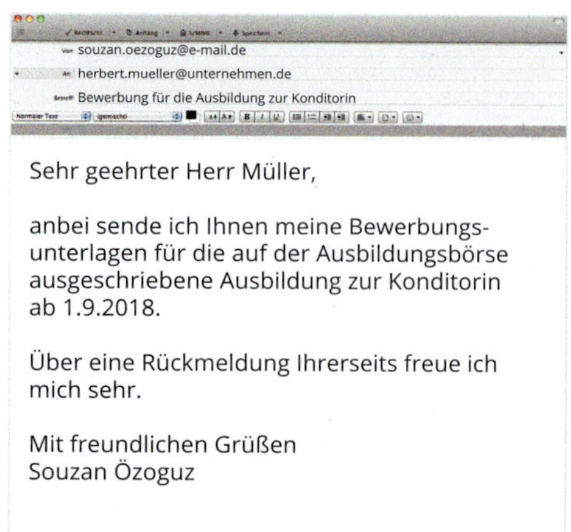

Bei der **Online-Bewerbung** musst du auf der Firmenwebseite einen Fragebogen ausfüllen. In der Regel gibst du standardisierte Angaben direkt in eine Abfragemaske ein. Diese Vorgehensweise erleichtert den Personalchefs die Arbeit, weil sie die Daten einfacher vergleichen können.

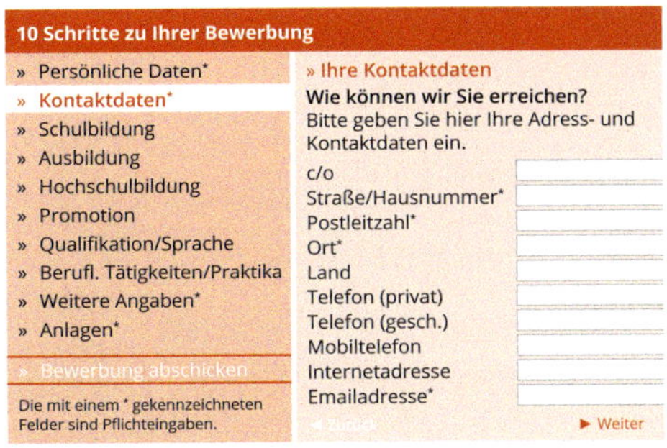
10 Schritte zu Ihrer Bewerbung

» Persönliche Daten*
» Kontaktdaten*
» Schulbildung
» Ausbildung
» Hochschulbildung
» Promotion
» Qualifikation/Sprache
» Berufl. Tätigkeiten/Praktika
» Weitere Angaben*
» Anlagen*
» Bewerbung abschicken

Die mit einem * gekennzeichneten Felder sind Pflichteingaben.

» Ihre Kontaktdaten
Wie können wir Sie erreichen?
Bitte geben Sie hier Ihre Adress- und Kontaktdaten ein.

c/o
Straße/Hausnummer*
Postleitzahl*
Ort*
Land
Telefon (privat)
Telefon (gesch.)
Mobiltelefon
Internetadresse
Emailadresse*

◄ Zurück ► Weiter

M8 Das Anschreiben der schriftlichen Bewerbung

Miriam Weber
Berg-am-Laim-Str. 71
71234 Unterstadt

Tel. 07678/1239876
E-Mail: weber.miriam@mail.de

Kommunikation GmbH
zu Händen: Frau Christine Maier
Kupfergasse 23
88555 Mittelstadt

14.10.2017

Bewerbung für eine Ausbildung als Kauffrau für Marketingkommunikation/ Ihre Anzeige im Mittelstädter Tagblatt vom 11.10.2017

Sehr geehrte Frau Maier,

mit großem Interesse habe ich Ihre Anzeige im Mittelstädter Tagblatt gelesen. Sie bieten darin einen Ausbildungsplatz zur Kauffrau für Marketingkommunikation an. Für diese Stelle bewerbe ich mich hiermit.

Zurzeit besuche ich die 10. Klasse der Realschule Mittelstadt, die ich im Sommer 2018 mit dem mittleren Schulabschluss erfolgreich beenden werde. Meine Lieblingsfächer sind Mathematik, Kunst sowie Informatik. Im Umgang mit dem PC bin ich versiert, mit den einschlägigen Office-Programmen habe ich mich zudem in der Computer-AG vertraut gemacht. Für die Schülerzeitung war ich für das Layout verantwortlich.

Im Rahmen eines Praktikums in der Marketingabteilung eines Lebensmittelgroßhandels war ich in der Werbe- und Vertriebsabteilung eingesetzt. Dort konnte ich erste Einblicke in betriebliche Abläufe gewinnen. Besonders hat mir in diesem Zusammenhang der Kontakt zu Kunden und Lieferanten gefallen.

Über Ihren Internetauftritt konnte ich mich bereits intensiv über Ihr Unternehmen informieren. Insbesondere die internationale Ausrichtung Ihres Unternehmens entspricht meinen beruflichen Vorstellungen. Mithilfe der Schriften des Berufsinformationszentrums der Bundesagentur für Arbeit habe ich mich zusätzlich über das Berufsfeld der Kauffrau für Marketingkommunikation kundig gemacht.

Wenn ich Ihr Interesse geweckt haben sollte, freue ich mich sehr auf das persönliche Gespräch mit Ihnen in Mittelstadt.

Mit freundlichen Grüßen

Miriam Weber
Miriam Weber

Anschrift des Absenders

Anschrift des Unternehmens und Ansprechpartner

Betreffzeile: Ausbildungsbezeichnung, Quelle der Stellenanzeige

Anrede des Ansprechpartners

Begründen: Warum du?

Begründen: Warum der Beruf?

Begründen: Warum das Unternehmen?

Bezug persönliches Gespräch

M9 Der Lebenslauf

Der Lebenslauf sollte tabellarische Form haben und am PC verfasst werden.

Gib eine seriöse E-Mail Adresse an! Diese besteht aus deinem Vor- und Nachnamen.

Handschriftliche Unterschrift nicht vergessen!

LEBENSLAUF

FOTO

Persönliche Daten

Name:	Miriam Weber
Anschrift:	Berg-am-Laim-Str. 71 71234 Unterstadt Tel. 07678/1239876 E-Mail: weber.miriam@mail.de
Geburtsdatum:	30.10.2002
Geburtsort:	Westerheim

Schulbildung

Schulbildung:	voraussichtlich 2018: Mittlerer Schulabschluss 2013 – heute Realschule Mittelstadt 2009 – 2013 Grundschule Lerchenbach, Mittelstadt
Lieblingsfächer:	Mathematik, Kunst, Informatik

Interessen, Kenntnisse

Sprachkenntnisse:	Englisch (Niveau B1+), Französisch (Niveau B1+)
Hobbys:	Fotografieren, Lesen, Skifahren

Praktische Erfahrungen

Praktikum:	Marketingabteilung Lebensmittelgroßhandel (Sommer 2016) Erstellen von Kundenstatistiken, Mitarbeit bei der Gestaltung von Werbeanzeigen

Miriam Weber

Unterstadt, 14.10.2017

M10 Checkliste für die schriftliche Bewerbung

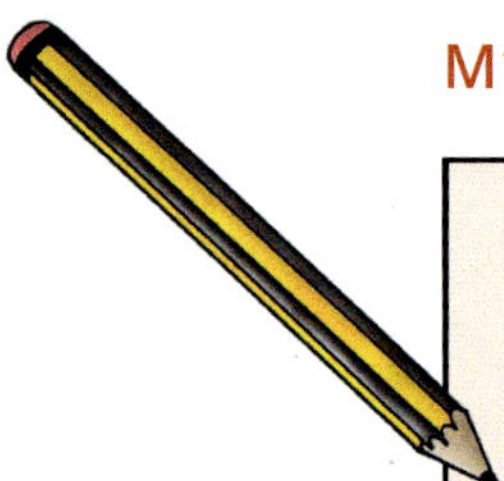

- ✓ Empfänger und Ansprechpartner sind richtig
- ✓ Aktuelles Datum und handschriftliche, leserliche Unterschrift
- ✓ Rechtschreibung, Grammatik und sprachlicher Ausdruck kontrolliert
- ✓ Ich habe begründet, warum ich diesen Beruf machen will.
- ✓ Ich habe begründet, warum ich zu dieser Firma passe.
- ✓ Ich habe die Bewerbung Korrektur lesen lassen.

M11 Das Bewerbungsfoto – der erste Eindruck zählt

Letzte Nacht durchgefeiert und noch nicht abgeschminkt und umgezogen? Dieses Bild beeindruckt Personalchefs bestimmt nicht, sondern wirkt äußerst unprofessionel.

Dieser junge Mann fühlt sich besonders cool. Aber wer steckt eigentlich hinter der Sonnenbrille, und wo wurde das Foto überhaupt aufgenommen – vieles lenkt ab und zeigt nicht, wer sich hier bewirbt.

Natürliches Lächeln, freundlicher Blick, gepflegtes Äußeres, neutraler Bildhintergrund – so kannst du dich deinem zukünftigen Arbeitgeber zeigen. Die Kleidung auf dem Bewerbungsfoto sollte zum Arbeitsumfeld passen.

AUFGABEN

1. Stelle typische Fehlerquellen für die verschiedenen Bewerbungsarten (schriftliche Bewerbung, E-Mail, Online-Formular) zusammen (**M6**-**M10**).
2. a) Gestalte ein Anschreiben für die Bewerbung zu deinem Praktikum (**M8, M11**).
   b) Überarbeitet die Anschreiben mit einem Partner.
3. Gestalte einen Lebenslauf für die Bewerbung zu deinem Praktikum (**M9**).
4. Spielt eine unternehmerische Entscheidung: Geht zu dritt zusammen und lasst euch von drei Mitschülern ihre Bewerbungsunterlagen (Anschreiben, Lebenslauf) geben. Entscheidet auf der Basis dieser Dokumente, ob ihr die Bewerber zum Vorstellungsgespräch einladet (**M8**-**M11**).
5. Begründe, welche Fotos für eine Bewerbung geeignet sind (**M11**).

F Erstelle eine Liste, worauf du bei Bewerbungsbildern achten solltest („Dos and Don'ts") (**M11**).

F Erstellt eigene (geeignete und ungeeignete) Bewerbungsbilder (**M11**).

F Begründe, warum ein Lebenslauf mit Lücken von Nachteil sein kann.

Was erwartet mich beim Vorstellungsgespräch?

M12 Ablauf eines Vorstellungsgesprächs

Vorbereitung				
Informationen zur Firma sammeln	Überlege dir Fragen zur Firma	Eigene Stärken und Schwächen sammeln	Anfahrt planen: Pünktlichkeit ist Pflicht!	Kleidung auswählen und zurecht-legen

Begrüßung		
Gib zur Begrüßung die rechte Hand.	Stelle dich mit deinem vollständigen Namen vor.	Warte, bis dir ein Platz angeboten wird.

Interview	
Beantworte alle Fragen ehrlich. z. B.: Was sind Ihre Lieblingsfächer und warum?	Stelle deine Fragen. z. B.: Wie stehen die Chancen, nach der Ausbildung übernommen zu werden?

Verabschiedung	
Bedanke dich für das Gespräch.	Verabschiede dich mit „Auf Wiedersehen".

M13 Kleider machen Leute

- Kleidung sollte frisch gewaschen und gebügelt sein.
- Die Kleidung sollte zum Beruf passen: Banken und Versicherungen schätzen ein seriöses Auftreten (Anzug bzw. Hosenanzug). In handwerklichen Betrieben kleidet man sich nicht so schick. Hier ist z. B. ein Polo-T-Shirt sicher eine gute Wahl.
- Du musst dich in der Kleidung wohlfühlen! Wähle also Kleidung aus, die du schon einmal getragen hast.
- Trage gepflegte und saubere Schuhe, in denen du gut gehen kannst.
- Überlege dir, ob du Piercings entfernen und auffällige Tattoos verdecken möchtest – bei einem Beruf mit Kundenkontakt begrüßen Arbeitgeber dies in der Regel.
- Frauen sollten dezentes Make-Up wählen.

M14 Typische Fragen, die in einem Vorstellungsgespräch gestellt werden können

Erzählen Sie etwas über sich.

Wo liegen Ihre Stärken?

Wo sehen Sie Ihre Schwächen?

Warum haben Sie sich gerade bei uns beworben?

Warum denken Sie, die richtige Besetzung für diese Stelle zu sein?

Was machen Sie in Ihrer Freizeit?

Erzählen Sie uns eine Geschichte!

Was sind Ihre Ziele für die Zeit nach der Ausbildung?

Welches Buch lesen Sie gerade?

Mit wem würden Sie gerne mal etwas trinken gehen?

Wer ist Ihr Vorbild?

Wer oder was wären Sie gerne im nächsten Leben und warum?

M15 Worauf es beim ersten Eindruck ankommt ...

Achte bei der Begrüßung auf einen festen Händedruck und Blickkontakt.

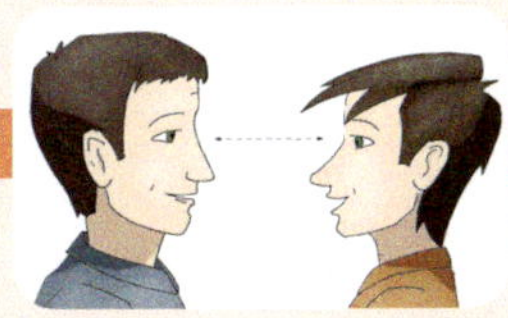

Schaue deinem Gegenüber während des Gesprächs in die Augen.

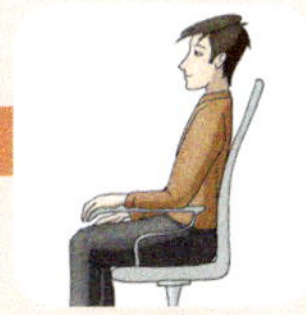

Achte auf eine aufrechte Sitzhaltung.

Sprich laut, klar und deutlich.

Verschränke die Arme und Beine nicht, das wirkt desinteressiert.

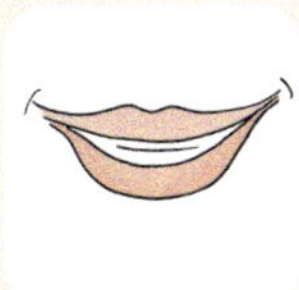

Lächle natürlich, das ist ein Zeichen von Sympathie.

Der Duft. Sympathie geht auch durch die Nase.

Wissenschaftlich bewiesen: Was beim ersten Eindruck zählt

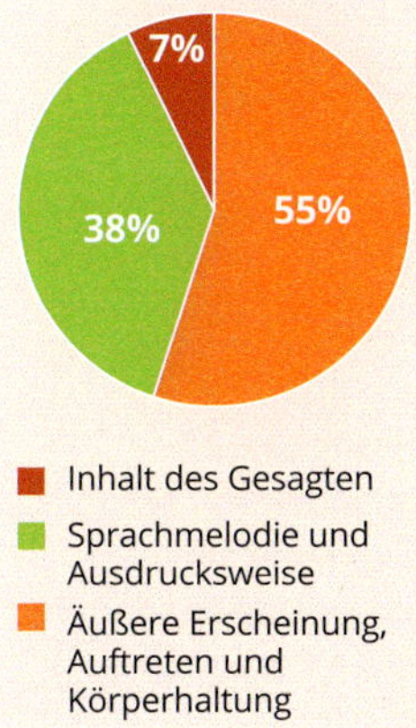

Business-Knigge – Die wichtigsten Benimmregeln, A. Quittschau / Ch. Tabernig, 2011

M16 Wie wichtig sind Schulnoten?

„Der erste Filter sind die Schulnoten" hört man häufig von Personalverantwortlichen. In Zeiten von Soft Skills sind dies jedoch nicht mehr die alleinigen Auswahlkriterien von Unternehmen. Die Schulnoten sind vor allem bei der Vorauswahl wichtig. Und natürlich sollten die Noten in dem Bereich, in dem man eine Ausbildung absolvieren möchte, in Ordnung sein. Neben den Schulnoten ist aber insbesondere der Gesamteindruck wichtig, den ein Bewerber hinterlässt. Dazu zählen seine sozialen Kompetenzen wie Teamfähigkeit, Ausdauer und Eigenmotivation. Aber auch Selbstständigkeit und Eigeninitiative werden immer wichtiger.

M17 Vorsicht in sozialen Netzwerken

Karikatur: Andreas Prüstel

F zu Aufgabe 2
Filmt euer Vorstellungsgespräch und achtet bei der Auswertung besonders auf die Körpersprache.

H zu Aufgabe 3
Nimm die Perspektive deines künftigen Arbeitgebers ein und überprüfe deine Profile in sozialen Netzwerken und deine Spuren im Internet: Sind alle öffentlich zugänglichen Daten in Ordnung?

AUFGABEN

1. „Viel wichtiger als Kleidung sind Noten und Fähigkeiten." Überprüfe diese Aussage anhand der Materialien (**M13-M16**).
2. a) Bildet Kleingruppen und simuliert ein Vorstellungsgespräch. Ergänzt die typischen Fragen durch eigene Fragen (**M12-M16**).
   b) Reflektiert das Vorstellungsgespräch. Tauscht euch aus, wie ihr euch in die Bewerberrolle eingefunden habt und was euch schwer gefallen ist.
3. Analysiere die Karikatur (**M17**).
4. Erstelle eine Liste mit Tipps für ein Vorstellungsgespräch (**M1-M17**).

GRUNDWISSEN

WIE BEWERBE ICH MICH? VON DER STELLENANZEIGE ZUR EINSTELLUNG

ERWARTUNGEN DER ARBEITNEHMER (M2)

Arbeitgeber erwarten heute von ihren Mitarbeitern fachliche Kenntnisse als auch soziale Fähigkeiten, wie z. B. Teamfähigkeit. Früher standen Fachkenntnisse und technische Kompetenzen (Hard Skills) im Vordergrund. Heute werden diese um Schlüsselqualifikationen (Soft Skills) ergänzt. Wer den Herausforderungen der Arbeitswelt genügen will, muss auch diese mitbringen. Für die Einstellung als Auszubildender spielt insbesondere das Interesse am Beruf und die Persönlichkeit eine Rolle.

STELLENANZEIGEN (M3, M4)

Stellenanzeigen finden sich sowohl in Zeitungen, auf Onlineportalen als auch bei der Agentur für Arbeit. Arbeitgeber beschreiben in Stellenanzeigen, welche Stelle zu besetzen ist, welche Anforderungen dafür erfüllt werden müssen und was geboten wird. In den Anforderungen, die beschrieben werden, unterscheidet man zwischen Muss- und Kann-Anforderungen.
Gefällt einem Bewerber eine Stelle und hat er den Eindruck, dass er auf die Anzeige passen würde, reicht er seine Bewerbungsunterlagen ein. Der Arbeitgeber lädt diejenigen zu einem Gespräch oder Einstellungstest ein, die passen könnten.

BEWERBUNGSUNTERLAGEN (M6-M11)

Bewerbungsunterlagen befinden sich in einer Bewerbungsmappe. Auf der Bewerbungsmappe liegt das Anschreiben, in dem man sein Interesse an der ausgeschriebenen Stelle bekundet und erläutert, warum dieser Arbeitgeber gerade diesen Bewerber einstellen sollte. In die Bewerbungsmappe gehören der Lebenslauf und die Anlagen. Im Lebenslauf beschreibt man alle wichtigen Stationen des bisherigen Lebens. Die Anlagen belegen diese Stationen.

VORSTELLUNGSGESPRÄCH (M12-M17)

In einem Vorstellungsgespräch prüft der Arbeitgeber, ob der Bewerber zum Betrieb und zur ausgeschriebenen Stelle passt. Manchmal wird auch ein Assessment Center durchgeführt. Dabei wird das klassische Bewerbungsgespräch um Gruppenaufgaben mit anderen Bewerbern ergänzt, wie z. B. eine Diskussion oder Präsentation.

SELBSTEINSCHÄTZUNG

Dein Berufspraktikum steht noch bevor, aber die ersten Fühler in die Berufswelt hast du ausgestreckt... Wie fit fühlst du dich nach diesem Kapitel in deiner beruflichen Orientierung?

Ich kann ...	Das klappt schon ...	Hier kann ich noch üben ...
... ein Portfolio gestalten.		Kapitel 1.1: Kompetenz
... meine Stärken und Schwächen beschreiben.		Kapitel 1.1: M1-M4
... darstellen, wie ich später arbeiten möchte.		Kapitel 1.1: M5, M6
... mein Berufsziel erläutern.		Kapitel 1.2: M2
... Möglichkeiten erklären, wie es nach dem Schulabschluss weitergehen kann.		Kapitel 1.2: M1
... eine Befragung durchführen.		Kapitel 1.2: Kompetenz
... verschiedene Wege zur Berufsfindung nennen.		Kapitel 1.2: M3-M7
... erklären, warum lebenslanges Lernen und Flexibilität wichtig sind.		Kapitel 1.2: M8, M9
... den Zeitplan meiner Berufswahl beschreiben.		Kapitel 1.2: Grundwissen
... einen Plan B für meine Berufswahl erläutern.		Kapitel 1.2: M8
... Stellenanzeigen auswerten		Kapitel 1.3: Kompetenz
... Bewerbungsunterlagen erstellen		Kapitel 1.3: M6-M11

M1 Berufsporträts erstellen

Vielleicht habt ihr euren Traumberuf schon gefunden? Erstellt zu den in eurer Klasse genannten Berufswünschen jeweils Kurzporträts.

Formuliert zunächst Leitfragen. Berücksichtigt z. B. folgende Aspekte:

- Über welche Fähigkeiten sollte derjenige, der den Beruf ausüben möchte, verfügen?
- Welche schulischen Voraussetzungen werden verlangt?
- Wie lange dauert die Ausbildung?
- Welche Tätigkeiten werden ausgeübt?
- Wie sind die Verdienstmöglichkeiten?
- Welche Aufstiegschancen hat man?
- Hat man die Möglichkeit, diesen Beruf auch im Ausland auszuüben?
- Wie ist die aktuelle Lage auf dem Arbeitsmarkt?
- Ist der Beruf ein krisensicherer Beruf? Wie sind die Zukunftschancen?

Analysiert in einem zweiten Schritt, z. B. durch die Auswertung entsprechender Stellenanzeigen, welche spezifischen Anforderungen an diesen Beruf gestellt werden.

Informationen findet ihr z. B. hier:
Seite der Bundesagentur für Arbeit für Jugendliche und Auszubildende:
www.planet-beruf.de

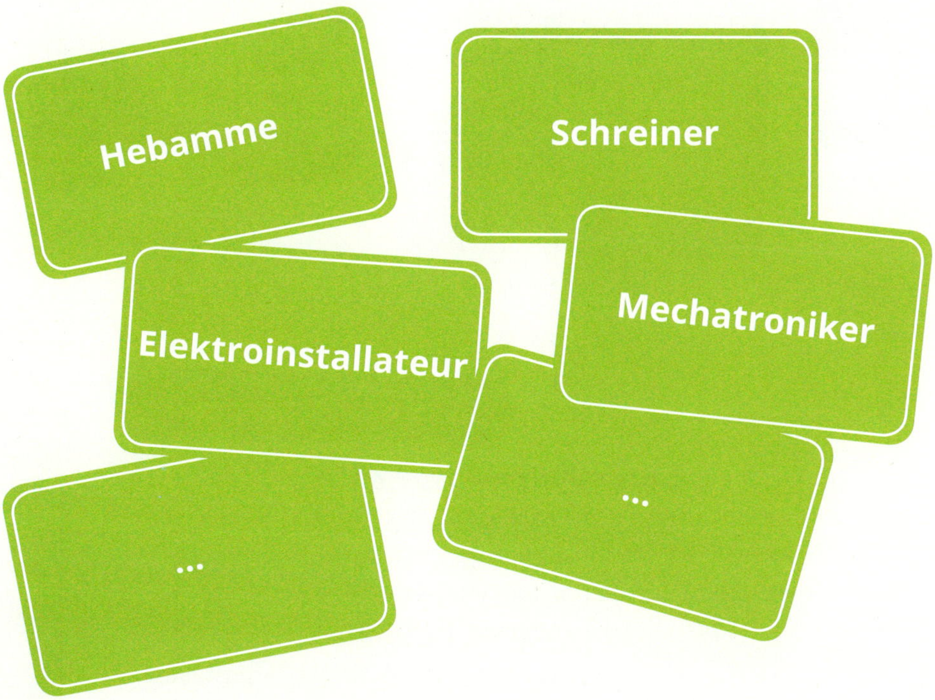

Aufgabe

Erstellt mit diesen Informationen eine kleine Sammlung von Berufsbeschreibungen (Wandposter, Karteikarten, Dateien ...).

Koch

Lukas Katzman, 40

Polizist

Jakub Mazur, 33

Schauspielerin

Shirin Aktuna, 19

Bauleiterin

Linda Wagner, 48

Pflegefachkraft

Miriam Petrescu, 34

Mediendesignerin

Inez Castillo, 25

Was weißt du schon?

1. Wie stellst du dir das spätere Arbeitsleben vor? Wie wünscht du dir…
   … deinen Arbeitsplatz und deine Kollegen?
   … deinen Vorgesetzten, oder bist du selbst Chef?
   … deine Arbeitszeiten und deinen Lohn?
   Vergleiche deine Ideen mit denen deiner Mitschüler.
2. Beantworte die Fragen aus Aufgabe 1 für zwei der oben vorgestellten Personen.
3. Wo glaubst du, kann es bei diesen Personen zu Problemen mit ihrem Arbeitgeber oder Unternehmen kommen?

2

#Jugendliche als Arbeitnehmer

In Deutschland sind neun von zehn Personen angestellte Arbeitnehmer. Das heißt folglich, dass ca. 90 % aller Schüler auch angestellte Arbeitnehmer werden. Nur 10 % gründen ein eigenes Unternehmen und werden Arbeitgeber.
Du kennst mit Sicherheit sehr viele Arbeitnehmer (z. B. deine Eltern, nahe Verwandte, ältere Geschwister, ...). Wie sieht deren Alltagsleben als Arbeitnehmer aus? Von welchen Tätigkeiten, Berufen und Anforderungen haben sie dir berichtet? Was könntest du dir am ehesten für deine eigene Berufskarriere vorstellen? Und welche Rechte hat man als Arbeitnehmer eigentlich gegenüber seinen Vorgesetzten?

Was lernst du in diesem Kapitel?

.... erläutern, welche Bedeutung Arbeit und Ausbildung für den Einzelnen und die Volkswirtschaft hat.
... analysieren, welche Interessen Arbeitnehmer und Arbeitgeber haben.
... beurteilen, inwiefern diese Interessen unterschiedlich ausfallen können und wie solche Konflikte gegebenenfalls gelöst werden können.
... beurteilen, welche Rolle staatliche Gesetze bei dieser Konfliktlösung spielen.
... erläutern, welche Faktoren die Höhe des Lohns für verschiedene Berufe bestimmen.

GEMEINSAM AKTIV

Wir erstellen eine concept map zum Thema „Die Arbeitswelt“

Die Methode *mindmap* kennt ihr schon: ein Zentrum (das Thema), Hauptäste (Oberkategorien wie z. B. Ursachen, Folgen, Beispiele, ...), Unteräste, etc. Die *concept map* ist etwas Ähnliches, besonders wichtig ist dabei aber die **Beziehungen** zwischen den einzelnen Begriffen.

Geht dabei so vor:

1. Bildet Sechsergruppen.

2. Teilt euch die Arbeit innerhalb eurer Sechsergruppe auf drei Partnerarbeiten auf:
Team A übernimmt die Seiten 55-65;
Team B die Seiten 66-83;
Team C die Seiten 84-91.

3. Jedes Team erstellt für sein Teilkapitel ein Tabu-Spiel für die wichtigsten Begriffe. Dabei entscheidet ihr euch für einen Begriff, der erklärt werden muss und notiert drei weitere Wörter, die zu seiner Erklärung **nicht** verwendet werden dürfen. Orientiert euch bei der Auswahl der Begriffe an den Begriffskästen sowie den Grundwissen-Seiten im Kapitel.

4. Erklärt mithilfe eurer Tabu-Karten allen Mitgliedern eurer Sechsergruppe die wichtigsten Begriffe. Legt die Karten aus und bringt eine logische Struktur in die Anordnung. Beschriftet mithilfe von Kärtchen die Beziehungen zwischen diesen Begriffen.

5. Erstellt auf einem Poster eure *concept map* mit dem Zentrum „Die Arbeitswelt“. Achtet auf die **logische Anordnung** der Begriffe, inhaltlich **korrekte Erklärungen** (z. B. durch kleine, stichwortartige Erklärungen zu jedem Begriff), und **übersichtliche Beziehungen** zwischen den Begriffen (z. B. durch große farbige Kärtchen, Pfeilsymbole, Widerspruchzeichen ...). Achtet auch darauf, dass die Erklärungen auch für außenstehende Betrachter verständlich sind.

6. Präsentiert eure *concept maps*. Markiert mit Klebepunkten besonders gelungene Aspekte jedes einzelnen Lösungsvorschlags.

7. Spielt zum Abschluss noch einmal eine Runde eures Tabus. Jedes Team hat jeweils eine Minute Zeit zum Erklären und Raten. Danach ist das zweite Team an der Reihe.

2.1 Welche Bedeutung hat Arbeit?

Will ich, soll ich oder muss ich arbeiten?

Kennst du das? Die Sommerferien nahen und du überlegst, was du sechs Wochen lang wohl so anstellen wirst. Viele Jugendliche stehen dabei regelmäßig vor der Frage, ob sie die Ferien zum Arbeiten nutzen wollen. Manche sollen vielleicht auch im Betrieb der Eltern mithelfen. Und wieder andere müssen evtl. aus Geldnot arbeiten. Wie geht es dir dabei? Willst du, sollst du oder musst du arbeiten?

M1 Zwei Kochazubis reden über Arbeit

Leo: Ich dachte immer, Arbeit sei halt etwas zum Geldverdienen – etwas, das man machen muss. Aber ich muss ehrlich zugeben, dass mir der Beruf Koch mittlerweile viel Spaß macht.
Luca: So ein Quatsch! Hör doch auf! Arbeiten ist blöd und bleibt blöd. Den ganzen Tag in der Küche stehen. Ich würde am liebsten aufhören und in die Karibik ziehen.
Leo: Und was machst du dort? Auch dann musst du ja wohl arbeiten, um zu leben.
Luca: Mag sein. Aber hier lebe ich, um zu arbeiten. Ich will ja arbeiten! Aber so viel Zwang finde ich einfach falsch. Jeden Tag müssen, müssen, müssen …
Leo: …

M2 Was macht harte Arbeit für einen Sinn?

„Dad, was macht es für einen Sinn, dass Mom und Du so hart arbeiten, wenn eure Namen noch nicht mal bei Google auftauchen?"

Karikatur: Mike Shapiro

Im letzten Schuljahr hast du die **Bedürfnispyramide** von Abraham Maslow bereits kennengelernt. Sie bildet die Reihenfolge der menschlichen Bedürfnisse ab. Von ihm stammt der Gedanke, dass der Mensch erst dann eine höhere Stufe seiner Bedürfnisse befriedigen kann, wenn die darunterliegenden Bedürfnisse erfüllt sind.

M3 Der Zusammenhang von Arbeit und Bedürfnissen

Die menschlichen Bedürfnisse ...	**und ihre Befriedigung durch Arbeit** An der Arbeit ist für den Menschen wichtig:
Bedürfnisse nach Selbstverwirklichung	– dass er den Arbeitsablauf und die Arbeitsorganisation mitgestalten kann – dass er dabei seine Kenntnisse, Fähigkeiten und Fertigkeiten anwenden kann – dass Arbeit interessant ist und Spaß macht
Ich-Bedürfnisse	– dass die eigene Tätigkeit als sinnvoll angesehen werden kann – dass er dabei die Verantwortung trägt bzw. Verantwortung übertragen bekommt – dass er Anerkennung durch andere erfährt – dass er dadurch Selbstachtung gewinnt
Soziale Bedürfnisse	– dass er Kontakte und Beziehungen zu anderen Menschen, z. B. zu seinen Arbeitskollegen hat
Sicherheitsbedürfnisse	– dass die Sicherheit am Arbeitsplatz gewährleistet ist – dass er und seine Familie im Alter, bei Krankheit, Unfall und im Fall der Arbeitslosigkeit geschützt sind
Grundbedürfnisse	– dass er dadurch den Lebensunterhalt für sich und seine Familie verdienen kann

Nach: Walter Gagel, Wolfgang Hilligen, Ursula Buch, Sehen – Beurteilen – Handeln, Arbeitsbuch für den politischen Unterricht, Frankfurt a. M. 1979, S. 137

M4 Was die Deutschen motiviert zu arbeiten

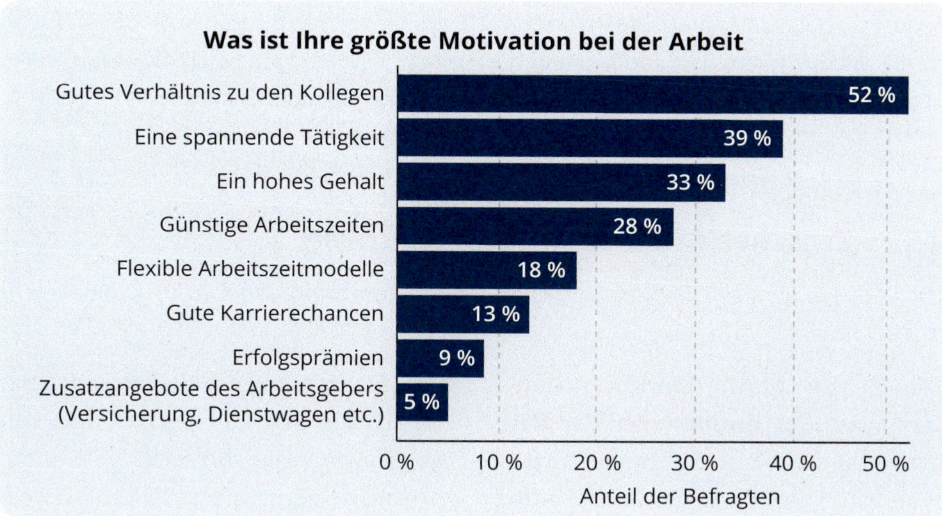

www.statista.de, Zahlen: Ernst&Young, 2015

ARBEIT

Mit Arbeit ist in diesem Kapitel meistens bezahlte Erwerbstätigkeit gemeint.
In der Wirtschaft ist damit auch oft ein so genannter Produktionsfaktor gemeint, das heißt, dass mit dem „Faktor" Arbeit eben ein Produkt oder eine Dienstleistung hergestellt werden kann. Arbeit ist aber nicht nur in Politik und Wirtschaft ein wichtiger Begriff. Philosophen meinen damit jede bewusste schöpferische Tätigkeit des Menschen. In der Physik meint man damit eine Energiemenge.

AUFGABEN

1. Was würdest du an Leos Stelle in **M1** am Ende antworten?
2. a) Was würden deine Eltern (Verwandte, Freunde) hier antworten? Probier es doch mal zuhause aus und berichte (**M2**).
   b) Analysiere die Karikatur **M2**.
3. Ordne die Motivationen in **M4** den Bedürfnissen in **M3** zu. Überlege dir im Anschluss je ein konkretes Beispiel für jedes Bedürfnis.
4. Fasse die 2-3 wichtigsten Kernaussagen aus **M4** in wenigen Sätzen zusammen.

F zu Aufgabe 4
Diskutiere mit einem Partner, ob sich die Motivationsgründe eines Arbeitgebers von den in M4 genannten Gründen unterscheiden.

Schafft ein Job Freiheit?

Kennst du das von deinen Eltern (oder auch von dir selbst): die ganze (Arbeits)Woche ist voll mit Terminen und von Montag bis Freitag heißt es immer „Ich muss noch dies und ich muss noch das ...". Wie frei kann man als normaler Arbeitnehmer sein? In welchem Verhältnis stehen bezahlte Erwerbstätigkeit und persönliche Freiheit?

M5 Zwischen Arbeitsplatz und Weltreise

Mario Gerth verkauft Bausparverträge – acht, neun Monate im Jahr. Danach geht er als Fotograf auf Reisen.

Mario Gerth in Erfurt.

Keiner von Mario Gerths Kunden ahnt, dass der Bezirksleiter der Bausparkasse Schwäbisch Hall in Erfurt noch ein ganz anderes Leben führt da draußen, fernab der Bank. Der 34 Jahre alte Thüringer lebt Träume, die wohl viele hegen: einfach mal raus, Abenteuer erleben statt Akten wälzen. Kaum jemand verwirklicht diese Wünsche. Keine Zeit. Kein Geld. Mario Gerth aber hat einen Weg gefunden, beides zu sein: Bausparkassen-Mitarbeiter und Reisefotograf.

Acht bis neun Monate im Jahr arbeitet er für Schwäbisch Hall. In der verbleibenden Zeit ist er unterwegs und erkundet die entlegensten Winkel der Welt. Gerade erst ist er aus Namibia zurückgekehrt. [...] Wenn [der Bezirksleiter der Schwäbisch Hall] weniger arbeitet, verdient er weniger, und umgekehrt. Die Aufstiegschancen sind natürlich geringer, aber das macht ihm nichts. Es ist der Deal für ein freieres, selbstbestimmtes Leben. Gerth [lehnte] eine Festanstellung dankend ab und erfüllte sich stattdessen einen Kindheitstraum: Er schnappte sich seine Kamera, stieg aufs Rad und fuhr los. Kreuz und quer durch die ganze Welt, über die Pässe des Himalaya, durch den Regenwald und durch die Sahara. Fast fünf Jahre hat diese Reise gedauert. [...] Inzwischen hat Gerth einen guten Kompromiss für sich gefunden, zwischen dem bürgerlichen Leben mit Arbcit, Familie und Freundin in Deutschland – und dem Abenteuer draußen in der Welt. Freiheit, sagt er, lasse sich organisieren.

Mit [seinen] Fotos arbeitet inzwischen die Hilfsorganisation Survival International, und er hat sie in Magazinen veröffentlicht. Wer sieht, wie nahe er den Menschen mit der Kamera kommt, wie klar er ihre Geschichten in Bildern erzählen kann, fragt sich, weshalb er überhaupt noch einen Bürojob macht. Aber mit der Bausparkasse zu brechen kommt ihm nicht in den Sinn. „Diese Arbeit macht mich erst unabhängig", sagt Gerth. Es finanziert seine Abenteuer. „In der Bank verdiene ich mein Geld, beim Fotografieren und Reisen will ich völlig frei sein", sagt er. „Da will ich nicht um Auftraggeber ringen oder mich rechtfertigen müssen."

[...] Morgen wird er wieder Bausparverträge verkaufen, doch das nächste Flugticket nach Afrika hat er schon. Im September will er wieder nach Äthiopien.

Marcel Burkhardt, www.zeit.de, 25.8.2011

entlegen
weit entfernt

Mario Gerth in Tibet.

SELBSTVERWIRKLICHUNG

Dieser Begriff beschreibt die freie und vollständige Entfaltung der eigenen Persönlichkeit.
Jedem Menschen soll es möglich sein, seine eigenen Träume und Interessen verfolgen zu können. Durch die Ausschöpfung der eigenen Talente und Fähigkeiten verwirklichen wir uns selbst. Selbstverwirklichung trägt enorm dazu bei, dass wir als Menschen zufrieden sind.

Grundgesetz Artikel 2
(1) Jeder hat das Recht auf die freie Entfaltung seiner Persönlichkeit, soweit er nicht die Rechte anderer verletzt und nicht gegen die verfassungsmäßige Ordnung oder das Sittengesetz verstößt.

KOMPETENZ: Methode

Richtig Lesen: Die 5-Phasen-Methode

Phase 1: Orientiere dich im Text!	• Überfliege den Text. • Suche das Thema.
Phase 2: Suche Verstehens-Inseln!	• Suche bekannte Begriffe und Formulierungen. • Finde Gedanken, die du schon gut nachvollziehen kannst.
Phase 3: Erschließe dir den Text Abschnitt für Abschnitt!	• Lies genau und beachte Wortangaben. • Markiere oder notiere dir Wörter, die du erfragen oder nachschlagen musst. • Versuche das, was du schon verstanden hast, mit den neuen Informationen zu verbinden.
Phase 4: Suche den roten Faden!	• Verbinde in Gedanken die Abschnitte miteinander – was ist der inhaltliche „rote Faden“ des Textes? • Erstelle z. B. eine Gliederung und fasse den Text für dich in kurzen Sätzen zusammen.
Phase 5: Überprüfe dein Textverständnis!	• Suche den Sinn des Textes. • Denke darüber nach, ob und wie du den Text verstanden hast. • Schreibe den Text in einen anderen Text um (z. B. Lexikonartikel, ausgedachtes Interview).

Nach: 5-Phasen-Modell – Studienseminar Koblenz (Hrsg.): Sachtexte lesen im Fachunterricht der Sekundarstufe, Klett 2009

AUFGABEN

1. Arbeite aus **M5** die Gründe heraus, warum Mario Gerth das von ihm gewählte Berufsmodell ausleben will und kann.
2. Vergleiche das Lebensmodell von Mario Gerth mit dem deiner Eltern (Verwandten, Freunde). Welche Vor- und welche Nachteile siehst du auf beiden Seiten?

Arbeitslosigkeit: Was tun in der Krise?

Für so manchen Schüler mag es eine Wunschvorstellung sein: nicht nur an Samstagen und Sonntagen nichts zu tun, keine Hausaufgaben, Verpflichtungen und Termine, sondern von Montag bis Sonntag Wochenende! Für so manche Erwachsene ist dieser (Alp-)Traum Alltag. Wie stellst du dir das Leben als arbeitsloser Erwachsener in unserer Gesellschaft vor: Ist das ein hartes Schicksal?

M6 Leo und Luca reden über Arbeitslosigkeit

Leo: Mir tun die Leute leid, die keinen Job finden. Muss hart sein.
Luca: So ein Quatsch! Wenn man sich anstrengt, findet man schon was!
Leo: Das mag ja in Regionen der Fall sein, wo nur 5 % der Menschen arbeitslos sind, aber was ist in Regionen, wo jeder fünfte arbeitslos ist? Oder sogar noch mehr als 20 %? In Griechenland oder Spanien findet stellenweise jeder zweite Jugendliche keinen Job!
Luca: Dann ziehe ich halt dahin, wo es nur 5 % sind. Dann findet man schon was. Außerdem darf man sich halt einfach nicht zu fein für Arbeiten wie Putzen sein.

M7 Entscheidungskonflikte bei langer Arbeitslosigkeit

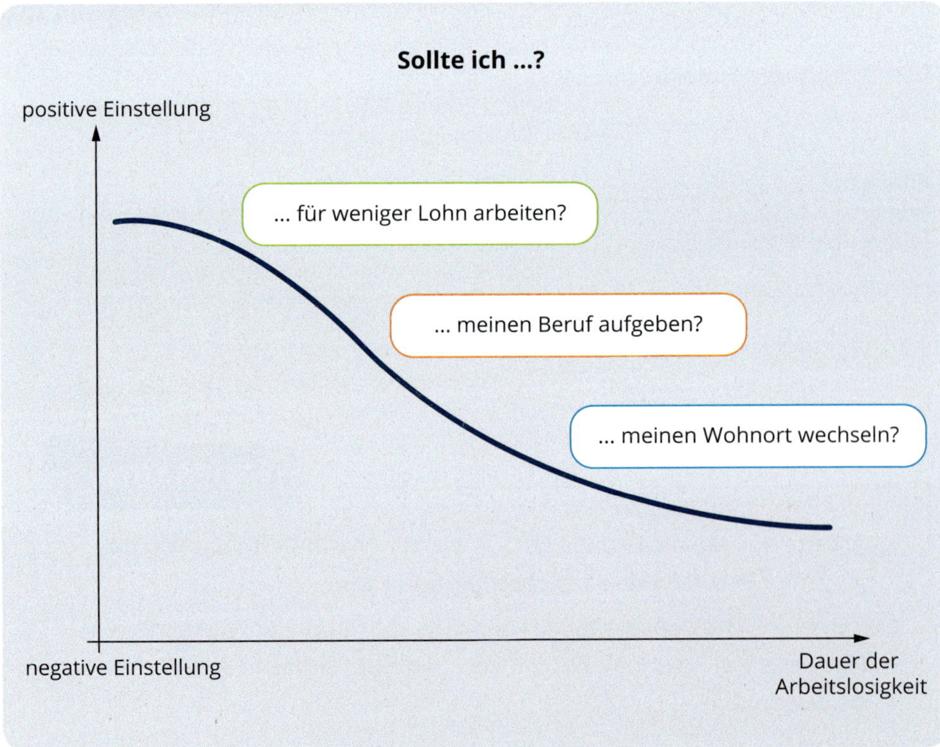

M8 Wie Arbeitslosigkeit krank machen kann

Der Eintritt in die Arbeitslosigkeit hat in der Regel erhebliche Auswirkungen auf die Lebensführung der Betroffenen. Sie verlieren einen großen Teil ihres Einkommens und müssen sich an die Vorgaben der Arbeitsagentur halten. Die immateriellen Verluste wiegen ebenfalls schwer; etwa der Verlust fester Tages- und Zeitstrukturen oder von an den Arbeitsplatz gebundenen Kontakten zu Kolleginnen und Kollegen. [...] Außerdem verringert sich das an den Beruf gebundene Ansehen mit zunehmender Dauer der Arbeitslosigkeit. Diese Belastungen können auf Dauer zu körperlichen und seelischen Krankheiten führen. So ist vielfach dokumentiert, dass insbesondere psychische Erkrankungen, wie Depressionen und Angststörungen, bei Arbeitslosen vermehrt auftreten. [...]

Dr. Lars Erich Kroll, Dr. Thomas Lampert, Robert Koch Institut, GBE kompakt, 1/2012 3. Jahrgang

erheblich
sehr stark

immateriell
kein Gegenstand sondern z. B. Werte

vermehrt
häufig

M9 Wer kann in der Arbeitskrise helfen?

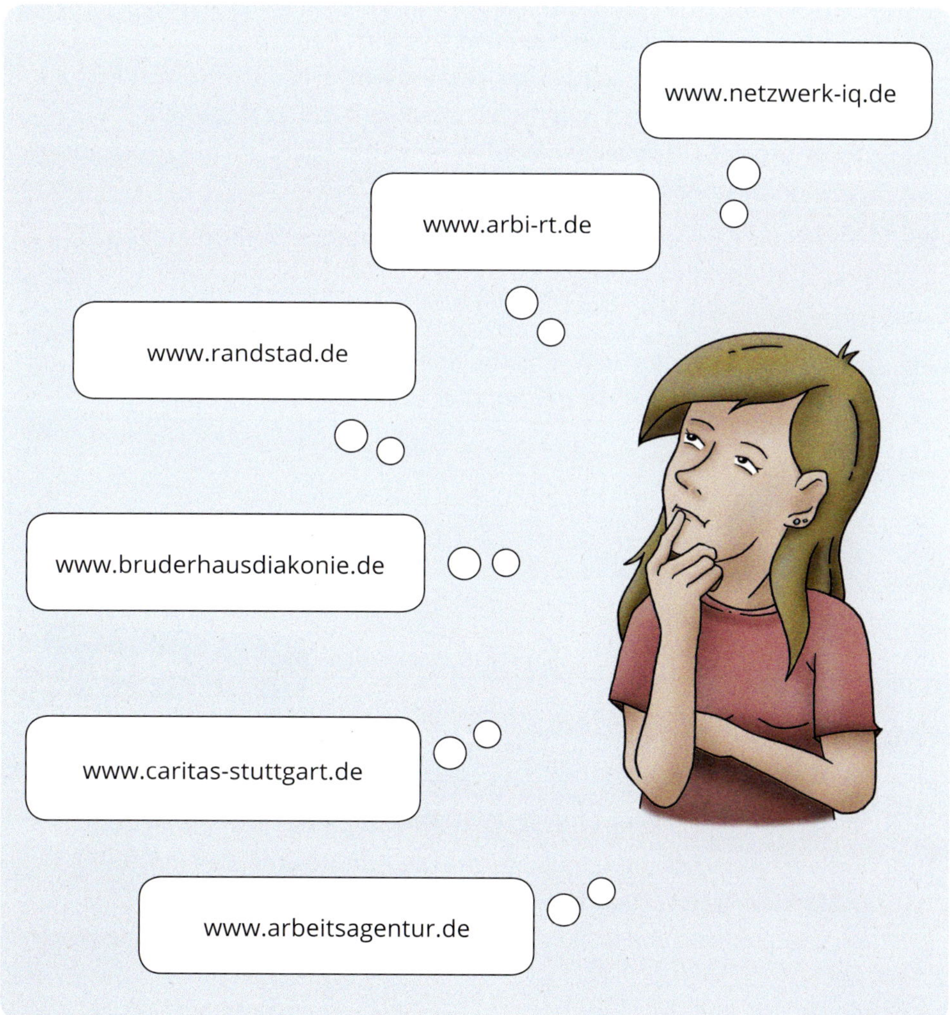

KOMPETENZ: Methode

Ein Informationsplakat gestalten

Ein Informationsplakat dient dazu, Informationen zu einem Thema strukturiert und grafisch ansprechend darzustellen. Ein gutes Plakat soll die zentralen Informationen zu einem Thema umfassen, ausreichend informieren, dabei jedoch eine klare Darstellung vorweisen.

1) Erarbeite dir alle wichtigen Informationen	Notiere zunächst alle wichtigen Informationen, am besten in Stichwörtern.
2) Gestalte einen Entwurf für das Plakat	• Welche Informationen sollen wohin und wie angeordnet werden? • Kann man die Infos eventuell visualisieren? (z. B. als „Haus“ anordnen oder irgendwie miteinander in Beziehung setzen?) • Woran sollen sich deine Mitschüler danach erinnern? • Wähle eine passende Überschrift und Zwischenüberschriften.
3) Gestalte das Plakat	• Achte auf gut lesbare Überschriften und Texte. Das Plakat soll aus einer Entfernung von zwei Metern gelesen werden können. • Verwende nicht zu viel Text und lass auch Raum frei. • Das Layout sollte logisch strukturiert sein, d. h. der Informationsfluss soll von oben nach unten bzw. von links nach rechts gehen. • Arbeite mit Textrahmen oder Nummerierungen, um die Struktur klar hervorzuheben.
4) Schreibe deinen Namen und deine Quellen mit auf das Plakat.	Durch die Quellen zeigst du, dass dich gut darüber informiert hast.
5) Hänge einen leeren Feedback-Bogen neben dein Plakat	Auf diesem können deine Mitschüler eintragen, was gut gelungen ist und was noch verbessert werden könnte.

H zu Aufgabe 2
Überprüfe dafür, was die Achsen in M7 darstellen. Die Folgen in M8 lassen sich in drei Bereiche unterteilen: immateriell, psychisch und körperlich.

AUFGABEN

1. Welcher der drei Punkte geringerer Lohn, Berufswechsel oder Wohnortwechsel würde dir am schwersten fallen (**M7**)? Erstelle eine Rangfolge.
2. Beschreibe die Folgen von Arbeitslosigkeit (**M7-M8**).
3. Recherchiert in Kleingruppen, welche Dienstleistungen die Einrichtungen in **M9** für Arbeitssuchende anbieten. Gestaltet mithilfe der Methodenkarte ein Informationsplakat und stellt euren Mitschülern die Einrichtung vor.

Lieber prekäre Arbeit als gar keine Arbeit?

Was würdest du deinen Eltern oder Verwandten in folgender Situation raten: dein Vater oder deine Mutter sucht seit längerem eine neue Arbeitsstelle. Es werden aber nur extrem schlecht bezahlte Jobs angeboten, die auch noch sehr unangenehme, anstrengende und eintönige Tätigkeiten beinhalten. Sollten sie den Job annehmen, oder weiter arbeitslos sein?

M10 Mitarbeiter empfinden Jobs bei Amazon als entwürdigend

Nach mehreren Monaten der Arbeitslosigkeit als Werbekauffrau, nachdem ihr Erspartes aufgebraucht war, nahm [Ilka Meier*] jene unqualifizierte Tätigkeit an, die ihr das Arbeitsamt vorgeschlagen hatte. Doch heute, vier Wochen später, hat sie sich krank gemeldet. „Ich kann einfach nicht mehr, ich bin am Ende" sagt sie. Nicht, weil die anstrengende Arbeit, das Packen von zum Teil schwerer Kisten und die acht Stunden im Stehen ihr auf Dauer zu anstrengend gewesen seien und auf die Knochen gingen. Eher, weil sie die Arbeitsatmosphäre hier nicht mehr ertragen konnte. „Ich will arbeiten gehen. Aber ich möchte einen menschenwürdigen Job. Und menschenwürdig ist die Arbeit bei Amazon nicht", sagt Ilka Meier.

Versandzentrum in Graben bei Augsburg.

[...] Die ständige Überwachung und Kontrolle bei der Arbeit selbst und immer wieder die Angst vor Abmahnungen: Wenn man im Treppenhaus nicht den Handlauf benutzt hat, wenn das Paket falsch gepackt wurde oder sich das Klebeband löste, wenn man vergaß, die Werbung hineinzulegen – oder auch, wenn man zu oft auf [die] Toilette ging.

Laut Vertrag sollte sie für einen Monatslohn von 1671,60 Euro pro Woche 38,75 Stunden arbeiten. Gleich in der ersten Arbeitswoche wurde ihr mitgeteilt, dass sie montags grundsätzlich eine Stunde länger arbeiten müsse und in acht Wochen fünf Samstage arbeiten soll. Wenig später sah ein neuer Schichtplan für sie schließlich elf Tage Arbeit am Stück vor, inklusive zwei Samstagen und zwei Sonntagen. Doch ihr Versuch, dagegen vorzugehen, scheiterte.

** Name geändert*

Katja Sponholz, www.derwesten.de , 4.12.2012

prekär
schwierig, heikel, misslich. Eine prekäre finanzielle Lage bedeutet, dass man Schwierigkeiten hat, allen Zahlungsverpflichtungen nachzukommen.

PREKÄRE ARBEIT

Einen schlecht bezahlten, unsicheren Arbeitsplatz mit wenigen Einflussmöglichkeiten auf die eigene Tätigkeit bezeichnet man als prekäre Arbeit.
Neben einem niedrigen Lohn ist prekäre Arbeit außerdem meist dadurch gekennzeichnet, dass man geringeren arbeitsrechtlichen Schutz als andere Arbeitnehmer hat. Außerdem hat man sehr wenig bis keinen Einfluss auf die zu verrichtenden Tätigkeiten. Viele prekär Beschäftigte klagen auch über eintönige und anstrengende Tätigkeiten, die unter hohem Zeitdruck erledigt werden müssen. Im Gegensatz dazu steht das so genannte Normalarbeitsverhältnis: eine unbefristete Vollzeitstelle.

M11 Was ist ein prekäres Arbeitsverhältnis?

„Ich habe eine Vollzeitstelle als Wachmann, aber der Lohn ist niedrig. Ich arbeite deshalb zusätzlich am Wochenende in Teilzeit als Türsteher einer großen Diskothek. Das ist spannend, aber nicht immer ungefährlich."

„Ich arbeite in Teilzeit, d. h. ich arbeite nur 20 anstatt 38 Stunden pro Woche in der Verwaltung eines Lebensmittel-Großhändlers. Das ist viel Papierkram und viel PC-Arbeit."

„Ich bin Lehrer und mir macht mein Beruf großen Spaß! Die Bezahlung ist gut und jeder Tag und jede Stunde laufen anders ab. Jede Klasse ist anders."

„Ich arbeite seit Ende meines Studiums in einer Kanzlei. Die Bezahlung ist top und die Arbeit macht Spaß. Ich hoffe allerdings, dass die Zeit der 2-Jahres-Verträge bald vorbei ist."

„Angestellt bin ich bei einer Zeitarbeitsfirma, die mich jeden Monat an ein anderes Unternehmen als Arbeitskraft verleiht. Ich weiß selten, wo ich nächsten Monat arbeiten werde. Dafür lerne ich sehr viele Menschen kennen."

AUFGABEN

1. Überfliege den Text **M10** und beschreibe dessen Kernaussage in 1-2 Sätzen (→ Methode Richtig Lesen S. 59).
2. Definiere anhand von **M10**, was man unter prekärer Arbeit versteht. Überprüfe deine Definition mithilfe des Begriffskastens (**#prekäre Arbeit**).
3. Stell dir vor, ein Freund von dir stünde vor der Entscheidung, eine prekäre Arbeit anzunehmen. Was würdest du ihm raten?
3. Begründe, welche der in **M11** beschriebenen Arbeitsverhältnisse du als normal oder prekär einschätzt (**#prekäre Arbeit**).
4. „Lieber prekäre Arbeit als gar keine Arbeit!" Bewerte diese These.

F zu Aufgabe 3
Diskutiert Möglichkeiten, wie Unternehmen und der Staat Menschen in prekären Arbeitsverhältnissen unterstützen bzw. schützen könnten.

H zu Aufgabe 4
Lies vor der Beantwortung den Grundwissenkasten „Welche Bedeutung hat Arbeit?"

GRUNDWISSEN

WELCHE BEDEUTUNG HAT ARBEIT?

ARBEIT HAT EINE HOHE BEDEUTUNG (M1-M5)

Vielen Menschen ist ihre Arbeit sehr wichtig – und das nicht nur aus finanziellen Gründen. Studien zeigen, dass diejenigen Menschen in der Regel glücklicher und zufriedener sind, die in ihrer täglichen Arbeit einen Sinn bzw. eine wertvolle Aufgabe sehen. Auch das Gefühl dazuzugehören, ist dabei sehr wichtig. Der tägliche Umgang mit Kollegen oder Kunden bietet eine Vielzahl an menschlichen Kontakten, die den meisten sehr wichtig sind. Am wertvollsten ist es, wenn man die persönlichen Wünsche und Ziele mit der Notwendigkeiten einer beruflichen Tätigkeit vereinbaren kann.

ARBEITSLOSIGKEIT IST MEIST EIN HARTES SCHICKSAL (M6-M9)

Der größte Teil der Arbeitslosen findet innerhalb eines Jahres wieder eine Arbeitsstelle. Studien zeigen aber auch immer wieder, dass die sogenannten Langzeitarbeitslosen massive Schwierigkeiten mit ihrer Situation haben. Neben den finanziellen Sorgen klagen viele über mangelndes Selbstwertgefühl, fehlendes Zugehörigkeitsgefühl sowie Schuldgefühle.
Unsere Gesellschaft misst der Arbeit eine hohe Bedeutung bei, weshalb es viele staatliche und kirchliche Angebote gibt, um Menschen ohne Arbeit persönlich und organisatorisch zu unterstützen.

STREITFALL PREKÄRE ARBEIT (M10-M11)

Ein prekäres Beschäftigungsverhältnis einzugehen, ist für viele Menschen der letzte Ausweg. Je nach individueller Situation, kann auch ein geringer Verdienst viel wert sein. Doch auf Dauer führen prekäre Arbeitsverhältnisse zu Unzufriedenheit und manchmal sogar Krankheit. Es ist die Aufgabe von Politik und Gesellschaft, sich um den Rahmen für gute Arbeitsbedingungen zu kümmern.

2.2 Mein Arbeitgeber und ich: Partner oder Gegner?

Wann passen die Interessen von Arbeitnehmern und Arbeitgebern (nicht) zusammen?

Interesse bedeutet nicht nur Neugier für etwas, sondern auch etwas, was jemandem besonders wichtig ist. Ein Politiker hat z. B. das Interesse, wiedergewählt zu werden.

Stelle dir vor, du wärst als Babysitter bei einer Familie engagiert. Damit bist du Arbeitnehmer und die Eltern des Kindes sind deine Arbeitgeber. Welche Interessen hast du als Arbeitnehmer? Welche Interessen haben deine Arbeitgeber? Passen sie (immer) zusammen?

M1 Leo und Luca machen eine Wunschliste

Leo: Lass uns doch mal eine Liste an Dingen erstellen, die wir uns hier wünschen! Vielleicht bekommen wir ja mal einen neuen Pausenraum oder so etwas.
Luca: So ein Quatsch! Pause mach ich draußen, wo mich der Chef nicht sehen kann. Ich will z. B., dass wir uns während der Arbeitszeit umsonst Getränke holen können.
Leo: Genau. Und zwei freie Wochenenden im Monat. Garantiert.
Luca: Dann bist du wohl im falschen Beruf, mein Freund. Wie wäre es mit „Geduld beim Erklären neuer Aufgaben“? Das wäre doch mal ein Anfang.
Leo: Gute Idee. Aber dann könnte wohl der Chef uns auch so eine Liste geben?

M2 Das Verhältnis von Arbeitnehmern und Arbeitgebern

1

Karikatur: Mike Baldwin

2

„Achtung, der Chef kommt!
Tu so, als wärst du beschäftigt.“

Karikatur: Kes

3

Karikatur: Frank Speth

4

„Was haltet ihr davon – ich weiß, das klingt verrückt – wenn wir einfach mit unseren Angestellten kommunizieren würden?“

Karikatur: Andrew Grossman

KOMPETENZ: Methode

Karika-Tour – Wie analysiere ich Karikaturen?

Eine Karikatur ist eine zeichnerische Darstellungsform, mit der der Karikaturist einen Sachverhalt aus Politik, Wirtschaft oder Gesellschaft in einer überspitzten Art und Weise zum Ausdruck bringt und interpretiert. Mithilfe der Methode der Karika-Tour könnt ihr euch über ein Thema einen Überblick verschaffen, indem ihr verschiedene Karikaturen hierzu anschaut und interpretiert.

Die Karika-Tour durchführen

- Geht in Kleingruppen im Uhrzeigersinn von einer Karikatur zur nächsten.
  Pro Karikatur habt ihr 2-3 Minuten Zeit. Fragt euren Lehrer, ob er für euch die Zeit im Blick behält.
- Betrachtete die Karikaturen und macht euch Notizen zu den Darstellungen. Folgende Leitfragen können euch bei der Herausarbeitung der Aussagen der Karikatur helfen, z. B.: Auf welches Problem macht der Karikaturist aufmerksam? Was möchte er den Betrachtern mitteilen?
- Wenn ihr alle Karikaturen angeschaut und euch Notizen gemacht habt, ist eure Karika-Tour abgeschlossen.

Nach der Karika-Tour

- Jede Gruppe bekommt jeweils eine Karikatur zugeteilt.
- Erarbeitet nun gründlich die Aussage „eurer" Karikatur. Arbeitet entlang des Leitfadens zur Interpretation einer Karikatur.

Eine Karikaturanalyse läuft immer nach demselben Muster ab:

Schritt 1:
Beschreibe die Karikatur ohne auf Details einzugehen.

Schritt 2:
Erläutere, was der Zeichner aussagen und was er erreichen will. (Unterhaltung? Probleme auf den Punkt bringen? Kritik üben? ...)

Schritt 3:
Bewerte die Karikatur. Hat der Zeichner deiner Meinung nach Recht? Fehlen wichtige Aspekte? Achte hier besonders auf gute Begründungen!

H zu Aufgabe 1
Denkt unter anderem an konkrete Beispiele für so allgemeine Schlagworte wie Freundlichkeit, Sauberkeit, Pünktlichkeit, Gerechtigkeit, Leistung, Motivation, Schutz, ...

H zu Aufgabe 3
Schnittmengen-Diagramm

AUFGABEN

1. Geht zusammen in Vierergruppen: zwei von euch sollen Leos und Lucas Liste erstellen, die beiden anderen die Liste von ihrem Chef. Einigt euch jeweils auf die wichtigsten 3 Punkte eurer Liste bevor ihr sie zu viert vergleicht. Versucht euch auf 3 Punkte zu einigen (**M1**).
2. Führe die Karika-Tour mithilfe der Methodenkarte mit den Karikaturen 1-4 durch.
3. Passen die Interessen von Arbeitnehmern und Arbeitgebern zusammen? Gestalte zu dieser Frage ein Schnittmengen-Diagramm.

Welche Rechte und Pflichten haben Arbeitnehmer und Arbeitgeber?

Stelle dir vor, du würdest als Koch-Azubi arbeiten und dein Chef lässt dich wochenlang nur Kartoffeln schälen. Darf er das? Welche Rechte und Pflichten haben Arbeitnehmer und -geber?

M3 Leo und Luca reden über Kündigungen

Leo: Ich hab vorhin den Chef gehört, wie er am Telefon dem neuen Azubi gedroht hat, dass er ihn gleich wieder rausschmeißt, wenn er so oft „krank" ist.
Luca: So ein Quatsch! Das darf er doch gar nicht!
Leo: …

M4 Beispiel eines Ausbildungsvertrags

Herr/ Frau ______ schließt mit ______ folgenden **Ausbildungsvertrag**.

Die Ausbildung **zum Koch** beginnt am 01.09.2018 und endet am 31.08.2021. Die Höhe der monatlichen Vergütung beträgt im ersten Lehrjahr ______ Euro, im zweiten ______ Euro und im dritten ______ Euro. Die tägliche Ausbildungszeit soll ______ Arbeitsstunden umfassen.

Die grundlegendste Pflicht des Auszubildenden ist es, den Ausbildungsberuf mit ______ zu erlernen und sich die Kenntnisse und Fertigkeiten des Berufes anzueignen (Lernpflicht). Der Berufsschulunterricht ist neben der Zeit im Betrieb wesentlicher Bestandteil der Ausbildung. Darum ist die Teilnahme am Berufsschulunterricht Pflicht.

In den ersten ______ Monaten der Ausbildung ist eine Kündigung jederzeit ohne Nennung von Gründen möglich.

Auszubildende haben die Aufgabe und Pflicht, mit den Arbeitsmaterialien und Einrichtungen pfleglich, gewissenhaft und sorgsam umzugehen (Sorgfaltspflicht). Des Weiteren hat der Lehrling über betriebliche und geschäftliche ______ Verschwiegenheit zu wahren (Verschwiegenheitspflicht).

Nichtbestandene Teile der Abschlussprüfungen dürfen bis zu ______ wiederholt werden. Der Auszubildende hat das Recht auf ______ Tage Urlaub im Jahr.

Der Auszubildende hat das Recht, Aufgaben zu verweigern, die nicht dem Ausbildungszweck entsprechen, wie beispielsweise für den Ausbilder private Besorgungen zu machen. Auch Aufgaben, die nicht den körperlichen Kräften angemessen sind, dürfen verweigert werden.

Von einem Azubi wird erwartet, dass er die Vorschriften, Aufgaben und Weisungen des berechtigten Ausbilders befolgt. Dazu gehört auch Pünktlichkeit und Verlässlichkeit.

______ ______

Ort, Datum, Unterschrift des Auszubildenden | Ort, Datum, Unterschrift des Ausbildenden

Bildungsweb Media GmbH, www.ausbildung.net, 2017

AUSBILDUNGSVERTRAG

Zu Beginn einer Ausbildung muss von beiden Seiten der Ausbildungsvertrag unterzeichnet werden. In ihm sind die wichtigsten Rechte und Pflichten der Arbeitnehmer und -geber geregelt.

M5 Kündigungsschutz

Kündigungsschutz: Die gesetzliche Kündigungsfrist für **Arbeitnehmer** beträgt vier Wochen. Eine Ausnahme gilt während der Probezeit, in der man in den ersten 6 Monaten jederzeit mit einer Frist von 2 Wochen kündigen kann. Die gesetzlichen Kündigungsfristen für **Arbeitgeber** sind etwas komplexer: Je länger der Arbeitnehmer in dessen Betrieb gearbeitet hat, desto länger ist auch die Kündigungsfrist, an die sich der Arbeitgeber halten muss (z. B. 1 Monat bei 2 Jahren Betriebszugehörigkeit, bis zu 7 Monaten bei 20 Jahren Betriebszugehörigkeit). Besonderen – d. h. **strengeren** – Kündigungsschutz genießen folgende Arbeitnehmer:

Werdende Mütter	Auszubildende	Mütter und Väter in Elternzeit
Betriebsratsmitglieder Jugend- und Azubivertreter Personalvertreter	**Besonderer Kündigungsschutz**	Datenschutzbeauftragte
Freiwillig Wehrdienstleistende	Personen in Pflegezeit	Schwerbehinderte

AUFGABEN

1. a) Fülle die Lücken in **M4** mit dir sinnvoll und gerecht erscheinenden Inhalten.
   b) Überprüfe deine Vorschläge im Anschluss unter *http://www.ausbildung.net/rechte-und-pflichten/allgemein/rechte-pflichten-von-azubis.html*
2. Erläutere die aus dem Ausbildungsvertrag (**M4**) entstehenden Rechte und Pflichten.
3. Schreibe Leos rechtlich korrekte Antwort auf Luca (**M3-M5**).
4. Bewerte die staatlichen Schutzvorschriften aus **M5** hinsichtlich ihrer Wirksamkeit und Gerechtigkeit.

H zu Aufgabe 5
Denk immer an den Dreischritt Behauptung – Begründung – Beispiel beim Aufbau eines Arguments! Schreibe zu jedem Kriterium 1-2 dieser Dreischritte.
Beachte auch, ob die Regelung für beide Seiten gerecht ist.

Wie viel von meinem Gehalt darf ich behalten?

Stelle dir vor, du als Babysitter müsstest einen Teil deines Gehalts an den Staat abgeben, um zur Finanzierung von Straßen und Schulen beizutragen. Angenommen du verdienst 20 Euro an einem Abend: Welche Höhe an Abgaben würdest du als angemessen empfinden? Wir wollen alle gute Bildung, aber gleichzeitig möglichst viel von unserem Lohn behalten. Wie ist das in Deutschland geregelt?

M6 Leo und Luca reden über das Nettogehalt ihrer Eltern

Leo: Meine Mutter ist auch Köchin und muss immer viel zu viel Steuern bezahlen. Da bleibt netto fast nix übrig. Das ist total unfair, denn da geht fast die Hälfte weg.
Luca: So ein Quatsch. Dann ist sie wahrscheinlich einfach in der schlechteren Steuerklasse, weil dein Vater in der besseren ist und deswegen total wenig vom brutto abgeben muss, oder?
Leo: Weiß ich nicht genau. Jedenfalls finde ich es unfair, wenn man von 1800 Euro brutto nur knapp über 1000 Euro netto wirklich ausgezahlt bekommt.
Luca: ...

Als **Bruttolohn** bezeichnet man den Lohn vor Abzug der Beiträge für Sozialversicherungen und Steuern. Was übrig bleibt, bezeichnet man als **Nettolohn**.

M7 Gehaltsabrechnung einer Köchin, ledig, keine Kinder

Bezeichnung	Anteil	Brutto
Gesamtbrutto		**1.520,00 €**
Lohnsteuer		85,75 €
Solidaritätszuschlag		0,95 €
Kirchensteuer		6,86 €
Krankenversicherung	7,3 %	110,96 €
Krankenvers. Zusatzbeitrag	1,1 %	16,72 €
Rentenversicherung	9,35 %	142,12 €
Arbeitslosenversicherung	1,5 %	22,80 €
Pflegeversicherung	1,175 %	17,86 €
Gesetzliche Abzüge		404,02 €
Netto		**1115,98 €**
– VWL Nettoabzug *		40,00 €
Auszahlung Kasse		**1075,98 €**

** staatlich geförderte Sparform*

M8 Lohnsteuerklassen

1	Gilt für Arbeitnehmer ohne Kind, die entweder unverheiratet sind, oder dauerhaft von ihrem Ehepartner getrennt leben.
2	Gilt für alleinerziehende Arbeitnehmer.
3	Gilt für verheiratete Arbeitnehmer, deren Partner entweder nichts verdient oder in Steuerklasse 5 eingeordnet wird. Die Steuerklasse 3 bietet einen Steuervorteil für den Hauptverdiener.
4	Gilt für verheiratete Arbeitnehmer, wenn der Partner auch in Steuerklasse 4 ist. In diesem Fall verdienen beide Partner ähnlich viel.
5	Gilt für verheiratete Arbeitnehmer, wenn der Partner in der Steuerklasse 3 eingestuft ist. Der Nebenverdiener ist in Klasse 5.
6	Gilt für Arbeitnehmer mit mehreren Arbeitsverhältnissen. Diese Steuerklasse gilt für das zweite und alle weiteren Arbeitsverhältnisse.

Cyberlab GmbH, www.steuerklassen.biz, (25.10.2017)

(LOHN-)STEUERKLASSEN

Die (Lohn-)Steuerklasse legt die Höhe des monatlichen Steuerabzugs auf den Bruttolohn fest. Sie umfasst neben dem Lohnsteuerabzug auch den Solidaritätsbeitrag und gegebenenfalls die Kirchensteuer.
Je nachdem ob man verheiratete ist, oder alleine lebt, bekommt man unterschiedliche Freibeträge und Pauschalen vom Staat zugestanden. Die meisten Arbeitnehmer können nicht selbst entscheiden, in welcher Steuerklasse sie sein möchten. Ehepartner können entscheiden, ob sie beide in Steuerklasse 4 sind, oder der Hauptverdiener in Steuerklasse 3 und der Nebenverdiener in Steuerklasse 5.

M9 Allgemeine Lohnsteuertabelle 2017

StKl = Steuerklasse

SolZu = Solidaritätszuschlag

KiSt = Kirchensteuer

Kinderfreibetrag			0,0		1,0	
ab Lohn	StKl	Lohnsteuer	SolZu	KiSt	SolZu	KiSt
2.013,00	I	194,83	10,71	17,53	–	4,04
	II	153,50	8,44	13,82	–	1,41
	III	12,50	–	1,13	–	–
	IV	194,83	10,71	17,53	6,39	10,47
	V	425,83	23,42	38,32	23,42	38,32
	VI	456,50	25,10	41,09	25,10	41,09

M10 Es verdienen alle das Gleiche – oder?

	Patrick Länge ist unverheiratet und hat keine Kinder. Er ist aus der Kirche ausgetreten.	Sanna Lundberg ist verheiratet und hat eine Tochter. Ihr Mann verdient fast doppelt so viel wie sie.	Clevon Balewa ist geschieden und hat ein Kind. Er ist alleinerziehender Vater.
Steuerklasse	**1**	**5**	
Bruttogehalt	**2.013 €**	**2.013 €**	**2.013 €**
Lohnsteuer	194,83 €		
Solidaritätszuschlag (SolZu) (5,5 % der Lohnsteuer)	10,71 €		
Kirchensteuer (KiSt) (9 % der Lohnsteuer)	--		
Steuerabzüge insgesamt	**205,54 €**	**487,57 €**	
Krankenversicherung[1] (14,6 % vom Bruttogehalt)	146,95 €		
Rentenversicherung[1] (18,7 % vom Bruttogehalt)	188,22 €		
Arbeitslosenversicherung[1] (3 % vom Bruttogehalt)	30,20 €		
Pflegeversicherung (2,35 % vom Bruttogehalt)[1,2]	28,68 €		
Sozialversicherungsabzüge insgesamt	**394,05 €**	**389,02 €**	
Nettogehalt	**1.413,41 €**		

[1] Arbeitgeber und Arbeitnehmer zahlen je die Hälfte
[2] Kinderlose zahlen zusätzlich einen Beitrag von 0,25%

Erklärfilm zu Kirchensteuer

Mediencode: 82202-01

AUFGABEN

1. Was würdest du an Lucas Stelle auf Leo antworten (**M6**)?
2. Analysiere die Gehaltsabrechnung. In welche zwei großen Blöcke kann man die Abzüge vom Bruttogehalt unterteilen (**M7**)?
3. Berechne die Nettogehälter in **M10** mithilfe von **M8** und **M9**.
4. Vergleiche die Steuerabzüge und die Sozialversicherungsabzüge der verschiedenen Personen. Welche Personengruppe muss am wenigsten abgeben (**M10**)?

H zu Aufgabe 3
Die Zahlen für die Lohnsteuer, Soli (SolZu) und Kirchensteuer (KiSt) kannst du der Tabelle in **M9** entnehmen. Die richtige Zahl findest du bei der entsprechenden Steuerklasse (StKl) und Kinderanzahl.

Welche Bedeutung hat das duale Ausbildungssystem?

dual
Tätigkeit oder Vorgang, die aus zwei zusammengehörenden Teilen besteht.

Stelle dir vor, du bekommst eine Stelle als Azubi für eine dreijährige Ausbildung zum Koch. Während man bei vielen Ausbildungsberufen zwischen einer schulischen und einer dualen Ausbildung wählen kann, wird die Ausbildung zum Koch ausschließlich dual angeboten. Sie findet damit sowohl im Betrieb (in diesem Fall also z. B. in einem Restaurant) als auch an der Berufsschule statt – eine Besonderheit des deutschen Ausbildungssystems. Welche wirtschaftliche Bedeutung hat diese sogenannte duale Ausbildung?

M11 Leo und Luca reden über die Berufsschule

Leo: Nächste Woche hab ich wieder Berufsschule. Ich freu mich voll auf die Abwechslung.
Luca: So ein Quatsch! Dieses Theorie-Zeugs bringt uns doch hier im Restaurant für die tägliche Arbeit als Koch gar nix!
Leo: Das stimmt doch gar nicht! Lebensmittelgesetze und Hygieneverordnungen sind nun einmal wichtig hier. Das könnte der Chef uns nie so beibringen wie die an der Schule. Mal abgesehen davon, dass er dafür gar keine Zeit hätte. Und das Fach Gemeinschaftskunde ist eh total spannend.
Luca: Ja, da hast du wenigstens mal recht. Trotzdem: das letzte Mal ging es in Biologie um Verdauungsorgane. Geht's noch? Selbst als Koch interessieren mich echt andere Dinge!

Die Duale Hochschule Baden-Württemberg (DHBW) in Ravensburg ist einer von 12 Standorten, an dem man berufliche Praxis mit einem Hochschulstudium kombinieren kann. Regelmäßig wechseln die Studenten dabei zwischen dem Studium an der Hochschule und einem Partnerunternehmen, in dem sie Praxiserfahrungen sammeln können.

DUALE AUSBILDUNG

In einer dualen Ausbildung erfolgt die Vermittlung der Lerninhalte zum größten Teil im Betrieb und zum kleineren Teil in der Berufsschule. Sie vermittelt Theorie, Praxis und Allgemeinbildung.
Die **Berufsschule** lehrt sowohl Allgemeinbildung (in Deutsch, Geschichte, Englisch, Politik und anderen Fächern) als auch theoretisches Wissen für „fachähnliche" Gruppen. So sitzen z. B. Auszubildende aus sozialen Berufen (Pflegekräfte, Erzieher, ...), aus technischen Berufen (Elektriker, KFZ-Mechatroniker, ...) sowie Lehrlinge aus Handel und Gastgewerbe jeweils in gemeinsamen Klassen. Der **Ausbildungsbetrieb** ist für die Praxis zuständig. Hier sollen sämtliche berufliche Kenntnisse, Fähigkeiten und Erfahrungen gelehrt werden.

M12 Ausgewählte Inhalte der Ausbildung zum Koch

Berufsschule für Gastgewerbe Wien, www.bsgg.at, (23.10.2017)

M13 Vorteile der dualen Ausbildung

Das duale System soll am Ende den Arbeitgebern bestens ausgebildete Fachkräfte in Theorie und Praxis zur Verfügung stellen. Die Azubis profitieren von der starken Praxisorientierung und einer festgelegten Lohnhöhe. Zudem bekommen sie nach Bestehen ein nicht nur in Deutschland sehr anerkanntes Zeugnis. Die im internationalen Vergleich verhältnismäßig niedrige Jugendarbeitslosigkeit in Deutschland und Österreich wird oft als Beweis für die Leistungsfähigkeit der dualen Ausbildung herangezogen. So lobt unter anderem die Studie „Skills beyond School": der Übergang von der Schule ins Arbeitsleben in der Bundesrepublik verlaufe „bemerkenswert reibungslos". Über 90 Prozent der 15- bis 24-Jährigen hätten 2008 nach Abschluss der Schule eine Beschäftigung gefunden oder ihre Bildungslaufbahn fortsetzen können. Dies sei im internationalen Vergleich ein hoher Prozentsatz.

BAVC, www.bavc.de , (24.10.2017)

M14 Wirtschaftlicher Nutzen des dualen Ausbildungssystems

Vorteile einer dualen Ausbildung

Durch die solide duale Ausbildung verdienen Jugendliche in ihrem Berufsleben im Schnitt 80.000-85.000 Euro mehr, als mit einer schulischen Ausbildung.

Einsparung für den Staat durch die Zusammenarbeit mit den Unternehmen: Vollzeitschulische Ausbildungen kosteten den Staat 2009 insgesamt 3,9 Mrd. Euro mehr als eine duale Ausbildung.

Menschen mit Migrationshintergrund können durch dieses System leichter in den deutschen Arbeitsmarkt integriert werden.

Vorteile für Ausbildungsbetriebe: Einsparung von Personalgewinnungskosten durch die Übernahme eines selbst ausgebildeten Azubis.

Nach: Jörg Thomä, www.ifh.wiwi.uni-goettingen.de, 28.8.2013

Personalgewinnungskosten
die Kosten, die entstehen, wenn ein neuer Mitarbeiter eingestellt wird.

VOLKSWIRTSCHAFT

Alle wirtschaftlichen Tätigkeiten der privaten Haushalte, der Unternehmen und des Staates eines Landes bilden zusammen die Volkswirtschaft.
Jeder Staat bzw. jedes Staatsgebiet hat eine eigene Volkswirtschaft. Wenn private Haushalte im Supermarkt einkaufen, Unternehmen Arbeitskräfte einstellen und Produkte verkaufen, der Staat Lehrer und Polizisten bezahlt und Büroräume für die Verwaltung anmietet etc., so ist dies alles Teil der deutschen Volkswirtschaft.

AUFGABEN

1. Ordne die Ausbildungsinhalte aus **M12** der Berufsschule und dem Ausbildungsbetrieb zu.
2. Stelle dir eine Übersicht über die schulischen und betrieblichen Inhalte für die Ausbildung zu deinem Traumberuf zusammen: *https://www.aubi-plus.de/berufe/a-z/*. Gibt es Inhalte, die dich überraschen? Begründe.
3. Erläutere die Bedeutung des dualen Ausbildungssystems ...
   a) ... ausgehend vom Beispiel Koch.
   b) ... ausgehend von einem selbst gewählten Beispiel.
   Gehe dabei auf die Vorteile für den Ausbilder / Auszubildenden ein (**#Volkswirtschaft** und **M13**, **M14**).

H zu Aufgabe 1
Bedenke, dass man in der Berufsschule vor allem theoretische Inhalte lernt. Hier hat man unter anderem Fächer, die du auch aus der Schule schon kennst.

F zu Aufgabe 3
Gehe dabei auch auf die Vorteile für die ganze Gesellschaft bzw. die Volkswirtschaft ein.

Preisbildung auf dem Arbeitsmarkt: Wer bestimmt, wie viel ich verdiene?

Warum verdienen Spitzenfußballer eigentlich so viel? Das Preisbildungsmodell auf dem vollkommenen Markt liefert hier eine Antwort. Das Angebot bei Spitzenfußballern ist gering (d. h. es gibt sehr wenige), aber die Nachfrage hoch (jeder Klub hätte gerne welche). Deshalb steigt der Preis. Das Modell kann aber manches nicht erklären: so sind z. B. Erzieher und Altenpfleger auf dem Arbeitsmarkt aktuell sehr begehrt, ihr Gehalt steigt jedoch nicht unbedingt an. Inwiefern läuft die Preisbildung auf dem Arbeitsmarkt also anders?

M15 Leo und Luca unterhalten sich über ihr Gehalt

Leo: In unserem Jahrgang war es so, dass viele Restaurants, die immer Koch-Azubistellen anbieten, keine Azubis gefunden haben. Ich konnte mir aussuchen, wo ich die Ausbildung mache. Eigentlich hätte doch aber in so einem Jahr auch das Gehalt von uns Koch-Azubis ansteigen müssen. Wir waren gefragt, also müsste man uns auch mehr bezahlen.

Luca: So ein Quatsch! Wieviel Lohn man als Azubi bekommt, wird von Tarifverträgen über mehrere Jahre festgelegt.

Leo: Ich meine ja nur theoretisch: Es gibt eine hohe Nachfrage nach Koch-Azubis, aber ein geringes Angebot. Also steigt unser Preis – nämlich unser Lohn.

Luca: Und wenn ganz viele Koch-Azubi werden wollen und es nur noch wenige Restaurants gibt, die welche ausbilden? Was passiert dann in deiner Theorie?

M16 Schlagzeilen zum Thema Gehalt

Rekord-Gehalt: So viel sahnt Youtube-Star „Bibi" im Monat wirklich ab
Bianca Heinicke/mz, Mitteldeutsche Zeitung – 30.3.2017

Einkommen: Wer schön ist, verdient mehr
Hanno Beck, faz.net – 13.7.2009

Diese Jobs machen auch ohne Studium reich
ino, n-tv.de Nachrichten – 6.9.2016

Klub streicht Profi nach Foul Jahresgehalt
rae/sid, Spiegel online – 14.3.2017

Weil das Gehalt nicht reicht: Berliner Polizisten brauchen Nebenjobs
BLZ/dpa, Berliner Kurier – 28.3.2017

„Ashton Kutcher bekam dreimal so viel Gehalt wie ich"
tak/AP, Spiegel online – 11.1.2017

Gehalt im Berufsleben hängt von der Ausbildung ab
lgr/dpa, Spiegel online – 3.8.2016

M17 Preisbildung auf freien Märkten: Beispiel Flohmarkt

Nur wenig Nachfrage nach Theos Bild.

Sehr viel Nachfrage nach Theos Bild.

M18 Preisbildung auf dem Arbeitsmarkt – welche Faktoren bestimmen die Lohnhöhe wirklich?

Obwohl Angebot und Nachfrage sich frei finden können, entsteht auf Arbeitsmärkten so gut wie nie ein stabiles Marktgleichgewicht. Dafür sind einfach zu viele Faktoren mit im Spiel. Auf einem freien Markt müsste bei einem Angebotsüberhang der Lohn fallen, während bei einem Nachfrageüberhang der Lohn steigen müsste. Beides ist eher selten der Fall. Arbeitsmärkte ticken in Sachen Preisbildung also anders. Aber wie?

Angebotsüberhang
mehr Angebot als Nachfrage

Gewerkschaften
sind Vereinigungen von Arbeitnehmern. Auch sie spielen bei der Lohnbildung auf dem Arbeitsmarkt eine große Rolle. Mehr darüber erfahrt ihr im Kapitel 2.3.

a) Arbeitsmärkte ticken anders

Ein Überangebot an Arbeitskräften verschwindet nicht so leicht. [Ausgebildete Köche] bieten nicht weniger von ihrer Arbeitskraft an, wenn der Lohn sinkt. Denn die meisten Menschen müssen arbeiten, um vom Lohn zu leben. Sie können nicht einfach aufhören, weil es sich nicht mehr „lohnt" zu arbeiten. Im Gegenteil: Es kann gut sein, dass sie sogar mehr Arbeitskraft anbieten, um den Einkommensausfall wettzumachen. Entweder sie arbeiten selbst mehr oder der Ehepartner; im Extremfall – der in Entwicklungsländern leider eher die Regel ist – arbeiten die Kinder früher und mehr, wenn der Lohn der Eltern sinkt.

Norbert Häring, So funktioniert die Wirtschaft, Freiburg 2012, S. 94

b) Ursachen für den Gehaltsunterschied von Männern und Frauen

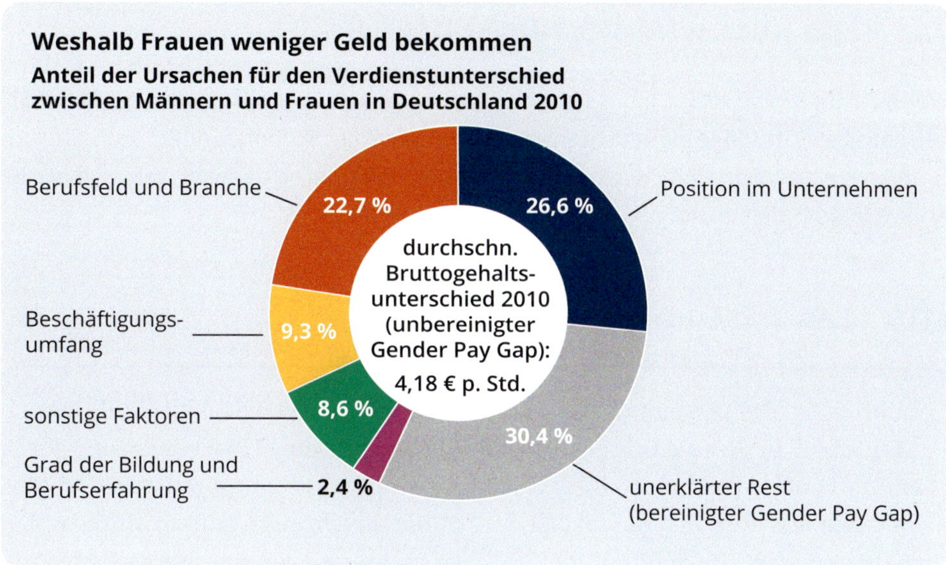

www.statista.de, Zahlen: Statistisches Bundesamt 2010

Warum zwingt der Wettbewerb um die besten Mitarbeiter und Führungskräfte Unternehmen nicht dazu, Frauen annähernd gleich gut zu bezahlen und ihnen annähernd gleich gute Karrieremöglichkeiten zu bieten wie Männern? In der Ausgangslage werden Frauen schlechter bezahlt als Männer, d.h. der Druck hin zu einer Angleichung ist sehr gering. Denn wenn eine Frau zu einem anderen Unternehmen wechselt, weil sie sich unterbezahlt fühlt, so muss dieses ihr nicht so viel bezahlen wie einem Mann, sondern nur etwas mehr, als sie in ihrem alten Unternehmen verdient hat. Frauen und Männer haben unterschiedliche Verhandlungspositionen. Der Mann sagt: „Zu diesem Gehalt komme ich nicht, weil ich in meinem alten Betrieb mehr verdiene." Also erhält er mehr, wenn man ihn haben will. Die schlechter bezahlte Frau kann das nur behaupten, wenn sie hoch pokern will.

Nach: Norbert Häring, So funktioniert die Wirtschaft, Freiburg 2012, S.121-123

AUFGABEN

1. Leo möchte Luca am Ende natürlich antworten (**M15**). Schreibe Leos Erklärung.
2. Diskutiert eure Gedanken und Meinungen zu den Schlagzeilen in **M16**.
3. Erkläre, wie Theo in beiden Fällen (**M17**) als Anbieter den Preis verändern wird. Von welchen Faktoren wird seine Entscheidung beeinflusst?
4. Erläutere die Faktoren der Lohnbildung auf Arbeitsmärkten (**M18**) im Gegensatz zum freien Markt in **M17**. Nenne Beispiele.

H zu Aufgabe 3
Erinnere dich an die Wirkung von Angebot und Nachfrage, die du im letzten Schuljahr kennengelernt hast. Wie würdest du deinen Preis anpassen, wenn bisher niemand dein Produkt kaufen möchte?

F zu Aufgabe 4
Bewerte die in **M18b** geschilderten Sachverhalte. Was könnten Unternehmen und die Regierung dagegen tun?

„Zu viele Köche verderben den Brei"? Wer bestimmt wie viele Köche Deutschland braucht?

Wer sich auf einen neuen Job oder eine Ausbildungsstelle bewirbt, wird schnell merken, dass es oft lange dauert, den gewünschten Platz zu bekommen. In manchen Branchen ist es sehr einfach, einen Job zu finden, in anderen dagegen sehr schwierig. Aber wovon hängt es ab, ob ein Job angeboten wird oder nicht?

M19 Leo und Luca wundern sich

Leo: Wie funktioniert das eigentlich, dass eine Gesellschaft Millionen Menschen in Arbeit bringen kann? Wer hat da den Überblick wie viel Ärzte, Lehrer, Postboten, Pizzabäcker und so weiter man braucht?
Luca: Wir hatten mal bei uns an der Schule das Projekt „Schule als Staat": da haben sich alle Schüler, die ein Unternehmen gründen wollten, angemeldet und dann wurde von den Organisatoren des Projekts geschaut, wie viele Cafés, Restaurants, Waffelbuden und so weiter man braucht und dann wurden nur so viele zugelassen.
Leo: Das läuft in Deutschland wohl insgesamt anders, oder?
Luca: ...

M20 Die Bedeutung der Berufsfreiheit

„Alle Deutschen haben das Recht, Beruf, Arbeitsplatz und Ausbildungsstätte frei zu wählen." Dieser Satz sichert für alle Deutschen die so genannte Berufsfreiheit und steht als Artikel 12 im Grundgesetz, dem wichtigsten Gesetzestext der BRD. Grundsätzlich darf also jeder werden, was er oder sie will, aber nur wenn die entsprechenden Hürden gemeistert werden (z. B. muss eine Ärztin ihr Medizinstudium bestehen; ein Koch muss aber nicht unbedingt seine Ausbildung beenden um einen Job zu finden). Insgesamt dürfen sich auf dem deutschen Arbeitsmarkt folglich **Angebot** (wie viele Erwerbstätige bieten sich als Köche an?) und **Nachfrage** (wie viele Köche werden in der Gastronomie-Branche gebraucht?) frei finden.

Artikel 24 der DDR-Verfassung:
(1) Jeder Bürger der Deutschen Demokratischen Republik hat das Recht auf Arbeit. Er hat das Recht auf einen Arbeitsplatz und dessen freie Wahl entsprechend den gesellschaftlichen Erfordernissen und der persönlichen Qualifikation.

M21 Bestimmungsfaktoren für Anbieter und Nachfrager am Beispiel Koch

Bestimmungsfaktoren des Angebots

Bestimmungsfaktoren der Nachfrage

AUFGABEN

1. a) Erläutere die Bedeutung der Berufsfreiheit (**M20**).
b) Erkundige dich im Internet über die Branche, in der du später gerne arbeiten möchtest. Ist die Nachfrage nach Arbeitskräften dort momentan sehr groß oder eher gering? Vergleicht eure Ergebnisse in der Klasse.

2. Ordne die folgenden Bestimmungsfaktoren zur Angebots- und zur Nachfrageseite zu (**M21**):
Qualifikation, Verdienst, Gewinnerwartung, Lohnnebenkosten, Anerkennung, Arbeitsbedingungen, Konkurrenzsituation, Karrieremöglichkeiten, Umsatz, Alternativen.

F zu Aufgabe 1a)
Erkundige dich über die Bedeutung der Berufsfreiheit in der DDR. Artikel 24 der DDR-Verfassung dient dir als Grundlage.

H zu Aufgabe 2
Überlege dir für die Zuordnung, wer der beiden Personen aus **M21** sich darüber Gedanken machen muss.

GRUNDWISSEN

MEIN ARBEITGEBER UND ICH: PARTNER ODER GEGNER?

ARBEITNEHMERN UND ARBEITGEBERN HABEN UNTERSCHIEDLICHE INTERESSEN (M1-M2)

Idealerweise passen die Interessen von Arbeitnehmern und Arbeitgebern sehr gut zusammen. Dadurch entsteht eine für beide Seiten gewinnbringende Situation („win-win-situation"). Der Arbeitgeber sucht eine motivierte Arbeitskraft und ist bereit, dafür ein Gehalt zu zahlen. Der Arbeitnehmer ist bereit, eben diese Leistung zu erbringen, da er ein regelmäßiges Einkommen braucht. Oft genug gibt es aber auch sich völlig entgegenstehende Interessen. Das Interesse einen möglichst hohen Gewinn zu erzielen, steht z. B. im Gegensatz zu dem Interesse, ein möglichst hohes Einkommen zu erzielen.

BEIDE SEITEN HABEN BESTIMME RECHTE UND PFLICHTEN (M3-M5)

Für Arbeitnehmer und Arbeitgeber gelten bestimmte Rechte und Pflichten. Diese werden in einem Ausbildungs- oder Arbeitsvertrag schriftlich festgelegt. Wenn es zu Konflikten über die Arbeitszeit, den Lohn oder die Tätigkeiten des Arbeitnehmers kommt, verschafft der Arbeitsvertrag rechtliche Klarheit. Es gibt außerdem staatliche Regelungen wie den Kündigungsschutz, die den Arbeitnehmer vor einer plötzlichen Entlassung schützen. Einen besonders strengen Kündigungsschutz genießen z. B. Auszubildende, Schwangere oder Behinderte.

STEUERABZÜGE UND SOZIALVERSICHERUNGSKOSTEN MINDERN DAS BRUTTOGEHALT (M6-M10)

Im Arbeitsvertrag wird der Bruttolohn für den Arbeitnehmer festgelegt. Auf dem Konto kommt am Ende des Monats jedoch weniger an – der Nettolohn. Auf den Bruttolohn werden Steuern erhoben, durch die der Staat seine Ausgaben finanziert. Wie hoch der Steuerabzug pro Monat ist, entscheidet sich je nach sozialer Situation durch die Einordnung in Lohnsteuerklassen. Zusätzlich müssen auch Abgaben für Sozialversicherungen wie Renten-, Kranken-, Arbeitslosen- und Pflegeversicherung gezahlt werden. Diese Kosten werden zur Hälfte vom Arbeitnehmer und zur Hälfte vom Arbeitgeber getragen. Sie werden auch als Lohnnebenkosten bezeichnet.

GRUNDWISSEN

DAS DUALE AUSBILDUNGSSYSTEM GILT ALS ERFOLGSMODELL (M11-M14)

Die Berufsausbildung in Betrieb und Berufsschule gilt als Erfolgsmodell der Bundesrepublik. Durch die Ausbildung der Azubis in den Betrieben, kann der Staat im Gegensatz zur schulischen Ausbildung Kosten sparen. Gleichzeitig bekommen die Betriebe praxisnah ausgebildete Fachkräfte und sparen sich Kosten in der Personalgewinnung. Die enge Verzahnung von Praxis und Theorie senkt dabei außerdem die Jugendarbeitslosigkeit in Deutschland. Die duale Ausbildung hat damit eine sehr hohe volkswirtschaftliche Bedeutung.

DER ARBEITSMARKT IST EIN KOMPLIZIERTER MARKT (M15-M21)

Auch auf dem Arbeitsmarkt treffen Angebot und Nachfrage aufeinander. Allerdings ist es nicht immer ganz leicht, Angebot und Nachfrage auch zusammen zu bringen. Auch die Preisbildung (d. h. hier die Bestimmung der Lohnhöhe) folgt meist anderen Gesetzen als im vollkommenen Markt beschrieben. Neben Tarifverträgen (vgl. nächstes Kapitel) spielen u. a die Ausbildungsdauer, die Region in der man lebt, das Geschlecht und weiche Faktoren wie Vertrauen, Motivation ... eine große Rolle. Sowohl für die Arbeitgeber als auch die Arbeitnehmer gibt es viele Bestimmungsfaktoren, nach denen sich ihre Angebote richten.

2.3 Selbstbestimmung und Kontrolle in der Arbeitswelt

Wie kann ich im Betrieb mitbestimmen?

Angenommen alle Schüler der Klassenstufen 7-9 wollen einen eigenen Sportraum für Freistunden. Neben euren Klassensprechern könnt ihr euch an die Schülermitverwaltungen wenden, die eure Anliegen an die Schulleitung weitergibt. Sind Azubis und Arbeitnehmer evtl. in einer ähnlichen Situation wie Schüler?

M1 Azubi Paul in der Zwickmühle

Paul (20) ist in seinem dritten Ausbildungsjahr zum Industriemechaniker. Seine Arbeitszeiten in einem mittelständischen Betrieb mit 35 Beschäftigten sind täglich von 8 Uhr bis 16.30 Uhr. Sein ganzes Team macht jeden Mittag von 12 Uhr bis 12.30 Uhr gemeinsam Mittagspause. Die Geschäftsleitung der Firma hat die Pausenzeiten streng festgelegt: 10 Minuten am Vormittag und 10 Minuten am Nachmittag. Es wird außerdem toleriert, dass die Azubis sehr oft 10 Minuten früher Feierabend machen dürfen. Paul gefällt diese Regelung überhaupt nicht, denn er hätte gerne 15 Minuten Pause jeden Vormittag und Nachmittag, anstatt früher gehen zu können. Er hat aber Sorge, dass seine Abschlussnote leiden könnte, wenn er darüber einen Konflikt mit den Vorgesetzten anfängt. Außerdem will er seine Chancen, nach seiner Ausbildung übernommen zu werden, nicht gefährden.

M2 Auszug aus dem Jugendarbeitsschutzgesetz (JArbSchG)

§ 8 Dauer der Arbeitszeit

(1) Jugendliche dürfen nicht mehr als acht Stunden täglich und nicht mehr als 40 Stunden wöchentlich beschäftigt werden.

§ 11 Ruhepausen, Aufenthaltsräume

(1) Jugendlichen müssen im Voraus feststehende Ruhepausen von angemessener Dauer gewährt werden. Die Ruhepausen müssen mindestens betragen

1) 30 Minuten bei einer Arbeitszeit von mehr als viereinhalb bis zu sechs Stunden,
2) 60 Minuten bei einer Arbeitszeit von mehr als sechs Stunden.

Als Ruhepause gilt nur eine Arbeitsunterbrechung von mindestens 15 Minuten.

§ 13 Tägliche Freizeit

Nach Beendigung der täglichen Arbeitszeit dürfen Jugendliche nicht vor Ablauf einer ununterbrochenen Freizeit von mindestens 12 Stunden beschäftigt werden.

Bundesministerium der Justiz, www.gesetze-im-internet.de, (12.12.2017)

BETRIEBLICHE MITBESTIMMUNG

Der deutsche Staat hat Gesetze erlassen, die Arbeitnehmern gewisse Mitbestimmungsrechte in ihren Unternehmen garantieren.
Betriebe ab fünf Mitarbeitern haben das Recht, einen Betriebsrat zu wählen. Er vertritt die Rechte der Arbeitnehmer gegenüber dem Arbeitgeber. Mitentscheiden darf er bei der Festlegung von Arbeitszeiten und Urlaubsplänen bzw. Kündigungen und Lohnverhandlungen. In Betrieben mit mindestens fünf Wahlberechtigten, die das 18. Lebensjahr noch nicht vollendet haben, gibt es auch noch die Jugend- und Auszubildendenvertretung (JAV). Sie vertritt dabei speziell die Interessen der minderjährigen Arbeitnehmer bis 18 Jahre und der Auszubildenden bis 25 Jahre, für die besonders strenge Arbeitsschutzregeln gelten.

M3 Die Mitbestimmungsrechte des Betriebsrats

Laut Betriebsverfassungsgesetz (BetrVG) hat der Betriebsrat je nach Thema schwache bis starke Beteiligungsrechte:

Beratungsrecht	Anhörungsrecht	Vetorecht	Mitbestimmung
Beispiel Neubauten / Umbauten § 90	**Beispiel** Kündigungen § 102	**Beispiel** Kündigung eines Betriebsratsmitglieds § 103	**Beispiel** Arbeitszeiten, Betriebsordnung, Urlaubspläne § 87

Schwache Beteiligung → Starke Beteiligung

AUFGABEN

1. Stell dir vor, Paul käme mit seinem Problem (**M1**) zu dir: Was würdest du ihm raten?
2. Überprüfe anhand des JArbSchG, ob Pauls Arbeitgeber rechtlich korrekt handelt (**M1**, **M2**).
3. Paul entscheidet sich, den Konflikt mit seinen Vorgesetzten auszutragen: erkläre, wie ihm der Betriebsrat helfen könnte. (**M2**, **M3**).
4. Erläutere, inwiefern die Einrichtung eines Betriebsrats den Arbeitnehmer schützt (**M3**).
5. Haben Arbeitnehmer genug Mitsprache? Führt mit der ganzen Klasse eine Meinungslinie durch.

H zu Aufgabe 4
Die Rechte des Betriebsrats unterscheiden sich darin, ob er mitentscheiden kann. In Fragen, in denen er nur ein Beratungsrecht hat, kann das Unternehmen die Entscheidungen alleine treffen. Je weiter rechts das Recht steht, desto mehr darf er mitentscheiden.

Interessen organisieren sich: Wie wichtig sind Gewerkschaften und Arbeitgebervertretungen?

In der Schule werden jedes Jahr Klassensprecher gewählt, um die Interessen aller Schüler zu organisieren und an die Lehrer weiterzugeben. In der Wirtschaft gibt es vergleichbare Strukturen – Gewerkschaften und Arbeitgebervertretungen. Welche Bedeutung haben sie für Arbeitnehmer und Arbeitgeber?

M4 „Samstags gehört Vati mir!“

In den fünfziger Jahren gab es für Arbeitnehmer keinen freien Samstag. Arbeiter, Angestellte und Beamte arbeiteten sechs Tage in der Woche täglich acht Stunden lang. Bei den 1.-Mai-Feiern 1954 spielte deshalb der Kampf um kürzere Arbeitszeiten eine zentrale Rolle. 40 Stunden und 5-Tage-Woche waren das Ziel, denn – so hieß es im Aktionsprogramm des Deutschen Gewerkschaftsbundes, das noch in jenem Jahr formuliert wurde: „Samstags gehört Vati mir!“

Nach: Renate Faerber-Husemann, www.deutschlandfunk.de, 1.5.2004

Artikel 9 GG
(3) Das Recht, zur Wahrung und Förderung der Arbeits- und Wirtschaftsbedingungen Vereinigungen zu bilden, ist für jedermann und für alle Berufe gewährleistet.

GEWERKSCHAFT

Eine Gewerkschaft ist ein Zusammenschluss von Arbeitnehmern. Sie vertritt die wirtschaftlichen und sozialen Interessen der Arbeitnehmer gegenüber den Arbeitgebern.
Arbeitnehmer und Arbeitgeber haben oft gegensätzliche Interessen. Damit nicht jeder einzelne Arbeitnehmer mit seinen Vorgesetzten verhandeln muss, schließen sich seit dem 19. Jahrhundert Arbeitnehmer zu Gewerkschaften zusammen. Die Gewerkschaften vertreten die Ansprüche der Arbeitnehmer. Sie sehen ihre Aufgabe vor allem darin, in Tarifverträgen bessere Lohn- und Arbeitsbedingungen zu verankern und die Mitbestimmungsrechte der Arbeitnehmer zu sichern.

M5 Warum sich Interessen organisieren

Für den einzelnen Arbeitgeber ist es sehr viel Aufwand, seine Arbeitsbedingungen selbständig mit seinem Arbeitgeber auszuhandeln. Da ihm außerdem viele Informationen über die wirtschaftliche Situation des Unternehmens oder den Verdienst seiner Kollegen fehlen, hat er eine sehr schwache Verhandlungsposition.
Wenn die Gewerkschaft im Namen aller ihrer Mitglieder verhandelt, kann sie mehr Druck ausüben und bessere Ergebnisse erzielen.
Aber auch die Unternehmen bzw. Arbeitgeber bilden Arbeitgeberverbände, die ihre Interessen auch gegenüber Politik, Medien und der Öffentlichkeit vertreten. Die Arbeitgeber sparen dadurch vor allem Kosten, weil sie so nicht mit jedem Arbeitnehmer einzeln verhandeln müssen.

IG Metall und ver.di
sind die beiden größten Gewerkschaften in Deutschland. Sie vertreten die Arbeitnehmer der Metallverarbeitungs- und der Dienstleistungsbranche.

TARIFAUTONOMIE

Organisierte Arbeitnehmer und Arbeitgeber können frei miteinander verhandeln. Sie können die Arbeitsbedingungen und Gehälter ohne staatliche Einflussnahme aushandeln.
Artikel 9 Grundgesetz garantiert diese Tarifautonomie als verfassungsrechtliches Grundrecht. Die Verträge, die so zwischen den beiden **Tarifparteien** ausgehandelt werden, bezeichnet man als **Tarifverträge**. Sie regeln, wer wie viel verdient, wie viel Urlaubstage gewährt werden, ob und wie viel Weihnachtsgeld ausgezahlt wird, wie lange dieser Vertrag gültig ist und vieles mehr. In den Tarifverhandlungen sind meist die Lohnerhöhungen und die Laufzeit des neuen Vertrages die größten Streitpunkte zwischen den Tarifparteien.

M6 Gewerkschaften im Wandel der Zeit

Das System der Tarifverträge ist in den vergangenen beiden Jahrzehnten löchriger geworden, da weniger Arbeitnehmer und Arbeitgeber in Gewerkschaften und Arbeitgeberverbänden organisiert sind. Im Jahr 2016 arbeiteten rund 48 Prozent der Beschäftigten in einem tarifgebundenen Betrieb. Das Ausmaß der **Tarifbindung** variiert dabei stark nach Wirtschaftszweigen. Während in der öffentlichen Verwaltung die Tarifbindung bei 87 Prozent liegt, sind in der Informations- und Kommunikationsbranche lediglich 17 Prozent an Tarifverträge gebunden. Durch Minijobs, Leiharbeit oder befristete Arbeitsverträge werden Betriebsratsgründungen erschwert. Je weniger Beschäftigte im Unternehmen sind, desto seltener ist eine Mitarbeitervertretung vorhanden. Dies betrifft vor allem den Dienstleistungsbereich.

Christian Becker, Gute Arbeit – Guter Lohn, in: Sozialpolitik Schülermagazin 2017/2018

Tarifbindung
Zwang, sich an tarifliche Vorschriften zu halten

variieren
sich unterscheiden, unterschiedlich sein

SOZIALER FRIEDEN

Sozialer Frieden bedeutet, dass der Reichtum und die Teilhabe in einer Gesellschaft gerecht verteilt sind.
In einer freien Gesellschaft ist es sehr schwierig, absolute Verteilungsgerechtigkeit herzustellen. Es gibt also immer Menschen, die mehr oder weniger haben als andere. Wenn ein großer Teil der Gesellschaft das Gefühl hat, allzu sehr abgehängt, isoliert, chancen- und perspektivlos zu sein, kann das den gesellschaftlichen Zusammenhalt bzw. den sozialen Frieden gefährden. Wenn sie kein Vertrauen mehr in Politik, Wirtschaft und Medien haben, kann es passieren, dass sie sich völlig aus dem gemeinsamen gesellschaftlichen Leben zurückziehen.

Warnstreik der Gewerkschaft ver.di. In Hamburg demonstrieren die Einzelhandelsbeschäftigten ab März 2017 für bessere Löhne.

F zu Aufgabe 2b)
Wie hoch ist der Organisationsgrad in eurer Klasse? D. h. wie viel Prozent könnten sich gewerkschaftlich vertreten lassen? Vergleicht euer Ergebnis mit dem Organisationsgrad in Deutschland (18,9 % 2017).

F zu Aufgabe 3
Welche Rolle spielt Verhandlungsmacht bei der Lohnbildung auf dem Arbeitsmarkt (vgl. auch S. 78 f.)?

H zu Aufgabe 4
Überprüfe zuerst, wie sich der Einfluss der Gewerkschaften verändert hat. Vertreten sie viele Menschen in Deutschland oder wenig?

AUFGABEN

1. „Samstags gehört Vati mir!". Beschreibe deine Gedanken zu dieser Kampagne der Gewerkschaften aus den 1950er Jahren (**M4**).
2. Könntest du dir vorstellen, dich selbst in einer Gewerkschaft zu engagieren?
   a) Recherchiere im Internet, ob es für deine Traumbranche eine eigene Gewerkschaft gibt.
   b) Vergleicht eure Ergebnisse. Wie viele Schüler eurer Klasse könnten sich durch eine Gewerkschaft vertreten lassen (**M6**)?
3. Begründe, warum es für alle Beteiligten besser sein kann, wenn die Gewerkschaft Nahrung-Genuss-Gaststätten mit dem Deutschen Hotel- und Gaststättenverband über einen neuen Tarifvertrag verhandelt, als wenn alle Restaurantbesitzer und Köche dies einzeln miteinander tun (**#Gewerkschaft**, **M5**).
4. „Gewerkschaften fördern den sozialen Frieden": Erläutere, wie sich diese Aussage durch den Strukturwandel verändert (vgl. Kap. 1.1 S. 17 ff.) (**#Sozialer Frieden**, **M6**).

Konfliktfall Lohn: ein dauerhafter Interessengegensatz?

Stell dir vor, ein wirtschaftlich gesundes Unternehmen macht über 3 Jahre hinweg einen ordentlichen Gewinn. Die Arbeitgeber wollen dabei die Hälfte der Gewinne wieder in das Unternehmen investieren (z. B. neue Maschinen kaufen), die andere Hälfte an die Eigentümer ausschütten. Die Arbeitnehmer fordern die Hälfte des Gewinns als Lohnerhöhung, die andere Hälfte als Bonuszahlungen. Wie würdet ihr diesen Konflikt lösen?

M7 Konfliktfall Lohn – das Tauziehen im Tarifstreit

Erste Verhandlungsrunde – ohne Ergebnis beendet
Die erste Verhandlung für die rund 72.000 Beschäftigten der nordwestdeutschen Stahlbranche brachte keine Annäherung zwischen Arbeitgebern und IG Metall.

IG-Metall begründet Forderungen
„Stark in Stahl". Unter diesem Motto starten die Tarifverhandlungen für die Beschäftigten der nordwestdeutschen Stahlindustrie. Die IG Metall fordert 4,5 Prozent mehr Lohn und will die Tarifverträge zur Altersteilzeit sowie zu Werkverträgen fortsetzen.

Ab heute Warnstreiks in der Stahlbranche
Die Stahlwerker sind im Warnstreikmodus: Mehr als 3.000 Beschäftigte der nordwestdeutschen Stahlindustrie legen diese Woche die Arbeit nieder, um für ein besseres Angebot der Arbeitgeber zu demonstrieren.

IG Metall entscheidet über Warnstreiks
Die Stahlbeschäftigten heizen den Arbeitgebern weiter ein. Mit mehr als 11.000 Warnstreikenden startet die IG Metall morgen in Düsseldorf in die dritte Runde.

Dritte Verhandlung bringt Ergebnis für Beschäftigte
Für die rund 72.000 Beschäftigten in den nordwestdeutschen Stahlwerken gibt es ab April mehr Geld. 4 Prozent höhere Einkommen für Beschäftigte und steigende Einkommen für die Azubis in den ersten drei Ausbildungsjahren. Das haben IG Metall und Arbeitgeber heute in der dritten Tarifverhandlung in Düsseldorf für die nordwestdeutschen Stahlwerker vereinbart. Der Tarifvertrag zur Altersteilzeit wurde verlängert.

Nach: www.igmetall.de/eisen-und-stahl-17196.htm (13.12.2017)

ARBEITSKAMPF

Wenn die tariflichen Auseinandersetzungen zwischen Gewerkschaften und Arbeitgeberverbänden scheitern, endet die Friedenspflicht. Gewerkschaften dürfen dann schärfere Maßnahmen wie Boykotts und Streiks ergreifen.
Mit der Androhung eines Streiks, können Gewerkschaften Druck auf die Verhandlungen mit den Arbeitgebern ausüben. Wenn Arbeitnehmer streiken, gehen sie zwar zu ihrer Arbeitsstelle, weigern sich aber ihre Arbeit auszuführen. Darauf reagieren Arbeitgeber häufig mit **Aussperrungen**. D. h. sie stellen die Arbeiter von ihrer Arbeitspflicht frei und stoppen die Lohnzahlungen.

Friedenspflicht
verbietet den Gewerkschaften zu streiken, solange ein Tarifvertrag in Kraft ist

Schlichtungsverfahren
zielt auf die Lösung eines Tarifkonflikts ohne Arbeitskampf ab

Urabstimmung
Abstimmung aller Gewerkschaftsmitglieder über einen Streik

Streikgeld
Geld, das die Gewerkschaften den streikenden Arbeitern während der Aussperrung zahlen

Erklärfilm zu Streik

Mediencode: 82202-02

M8 Spielregeln für den Arbeitskampf

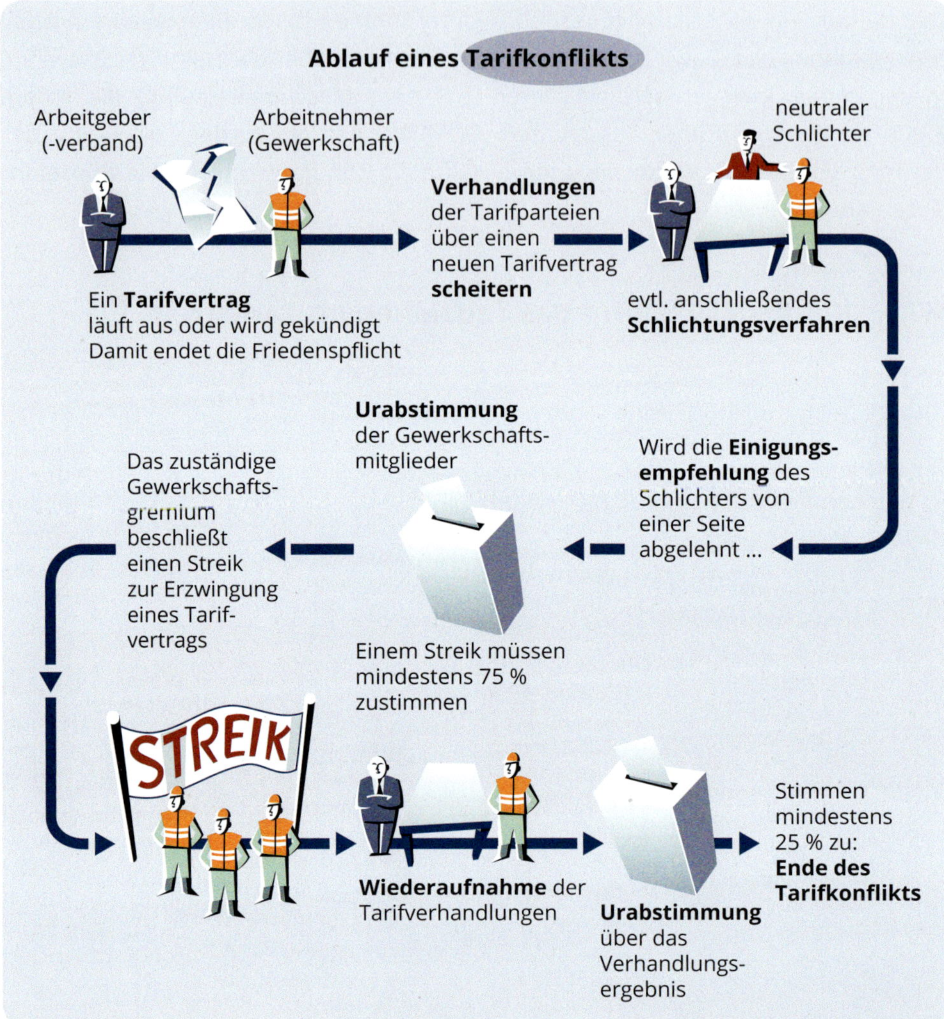

Bergmoser + Höller Verlag AG, Zahlenbilder 244 108

AUFGABEN

1. Sortiere die Meldungen über die Tarifverhandlungen in der Metallbranche nach ihrem zeitlichen Ablauf (**M7**).
2. Beschreibe den Ablauf von Tarifverhandlungen (**M8**, **#Arbeitskampf**).
3. a) Warst du selbst oder deine Eltern (Verwandten, Freunde) schon mal von den Auswirkungen eines Streiks betroffen? Wenn ja, beschreibe in welcher Situation.
   b) Was hältst davon, dass Arbeiter ihre Interessen in Form eines Streiks durchzusetzen versuchen? (**#Arbeitskampf**)
4. Bildet eine Meinungslinie, ob ihr Arbeitgeber und Arbeitnehmer als Partner oder als Gegner seht (→ Methode Meinungslinie S. 149).

F zu Aufgabe 2
Beschreibe den Ablauf einer **aktuellen** Tarifverhandlung. Wer sind die Tarifparteien?

GRUNDWISSEN

SELBSTBESTIMMUNG UND KONTROLLE IN DER ARBEITSWELT

IN DEUTSCHLAND HABEN ARBEITNEHMER MITSPRACHERECHTE (M1-M3)

Viele sehen es als großen Standortvorteil für Deutschland, dass Arbeitnehmer bei wichtigen Themen Mitspracherechte haben. Der Betriebsrat berät die Arbeitnehmer und schützt ihre Rechte. Das Ziel gegenüber dem Arbeitgeber ist, unterschiedliche Interessen gewaltfrei zu einer Einigung zu führen. Es gibt aber auch Kritik daran: Arbeitgeber klagen z. B. über zu große Hürden, nötige Veränderungen in Unternehmen auch gegen Widerstand durchzusetzen.

GEWERKSCHAFTEN UND ARBEITGEBER GENIESSEN TARIFAUTONOMIE (M4-M6)

Artikel 9 des Grundgesetzes erlaubt den Gewerkschaften und Arbeitgeberverbänden ohne staatlichen Einfluss Tarifverträge zu beschließen. Auf diese Weise sollen Lohnhöhe, Sonderzahlungen, Arbeitszeit, Urlaubsanspruch, Vertragslaufzeit, Mitbestimmungsrechte etc. friedlich ausgehandelt werden. Gewerkschaften versuchen durch ihr Engagement, einen Beitrag für mehr Verteilungsgerechtigkeit und damit zum sozialen Frieden zu leisten. Der wirtschaftliche Mehrwert erfolgreicher Unternehmen, soll nicht nur den Eigentümern zugutekommen, sondern auch der Belegschaft. Durch den Strukturwandel sind zunehmend weniger Arbeitnehmer in Deutschland gewerkschaftlich organisiert. Die Einflussmöglichkeiten der Gewerkschaften werden dadurch eingeschränkt.

ARBEITSKAMPF IN DER LOHNVERHANDLUNG (M7-M8)

In Deutschland laufen Lohnverhandlungen zwischen Gewerkschaften und Arbeitgeberverbänden meist sehr kompromissbereit ab. Wenige Ausnahmen in den letzten Jahren waren z. B. die Arbeitskämpfe der Piloten und Lokführer. Im Arbeitskampf können die Gewerkschaften starke Mittel wie Streiks einsetzten. Diese schaden häufig aber nicht nur ihren Verhandlungsgegnern, sondern auch vielen Unbeteiligten.

SELBSTEINSCHÄTZUNG

Im Laufe des vorangegangenen Kapitels hast du dich mit dem Verhältnis von Arbeitnehmer und Arbeitgeber beschäftigt. Schätze ein, wie gut du dich in den folgenden Bereichen auskennst.

Ich kann …	Das klappt schon …	Hier kann ich noch üben …
… die Bedeutung von Arbeit erläutern		Kapitel 2.1: M1-M5
… die Folgen von Arbeitslosigkeit für den Einzelnen erläutern		Kapitel 2.1: M6-M9
… die Folgen prekärer Arbeitsverhältnisse erläutern		Kapitel 2.1: M10+M11
… Rechte und Pflichten in einem Arbeitsverhältnis erläutern		Kapitel 2.2: M3-M5
… Brutto- und Nettolohn anhand einer Gehaltsabrechnung vergleichen		Kapitel 2.2: M6-M10
… die Bedeutung des dualen Ausbildungssystems für die Volkswirtschaft erläutern		Kapitel 2.2: M11-M14
… Möglichkeiten der Lohnbildung erklären		Kapitel 2.2: M15-M18
… die Bedeutung von Gewerkschaften und Arbeitgebervertretungen für den sozialen Frieden erklären		Kapitel 2.3: M4-M6
… die Rolle von Gewerkschaften und Arbeitgebervertretungen bei der Lösung von Tarifkonflikten erklären		Kapitel 2.3: M7+M8

KOMPETENZTRAINING

M1 Arbeitgeber-Arbeitnehmer-Quiz

1. **Welche Rolle spielt der Staat bei der Gestaltung der Arbeitsbeziehungen in Deutschland?**
   a) Der Staat regelt nur die Rahmenbedingungen der Arbeitsbeziehungen in Deutschland.
   b) Der Staat spielt bei der Gestaltung der Arbeitsbeziehungen in Deutschland keine Rolle.
   c) Der Staat bestimmt alleine über die Gestaltung der Arbeitsbeziehungen in Deutschland.

2. **Was versteht man unter einem Normalarbeitsverhältnis?**
   a) Eine Arbeit, die abwechslungsreich und auf höchstens fünf Jahre befristet ist.
   b) Eine unbefristete Arbeit, bei der man einseitige Arbeiten unter hohem Zeitdruck ausübt.
   c) Eine unbefristete Vollzeitstelle mit hohem arbeitsrechtlichem Schutz.

3. **Für das Zusammenwirken von Arbeitgebern und Arbeitnehmern gilt:**
   a) Die Bearbeitung der Konflikte zwischen beiden Seiten liegt in den Händen dieser beiden Gruppen.
   b) Die Bearbeitung der Konflikte zwischen beiden Seiten liegt in der Hand des Staates.
   c) Die Bearbeitung der Konflikte zwischen beiden Seiten liegt in den Händen der Gewerkschaften und Arbeitgeberverbände.

4. **Die Mitbestimmungsrechte des Betriebsrates gehen besonders weit ...**
   a) ... bei wirtschaftlichen Entscheidungen.
   b) ... bei sozialen und personellen Angelegenheiten.
   c) ... bei Fragen der Preisgestaltung der Produkte.

5. **Wie ist der Kündigungsschutz in Deutschland geregelt?**
   a) Kündigungsschutz gilt nur für Arbeitnehmer, die dafür eine Versicherung abgeschlossen haben.
   b) Wenn es dem Unternehmen wirtschaftlich schlecht geht, kann es Arbeitnehmern ohne Kündigungsfrist kündigen.
   c) Jeder Arbeitnehmer genießt Kündigungsschutz, für manche Gruppen gilt ein besonders strenger Schutz.

6. **Welche Faktoren sind für die Festlegung von Löhnen und Gehältern wichtig?**
   a) Neben Angebot und Nachfrage gibt es auf dem Arbeitsmarkt noch viele weitere Faktoren, die die Höhe der Löhne und Gehälter bestimmen.
   b) Der Arbeitgeber alleine kann entscheiden, zu welchem Lohn der Arbeitnehmer arbeiten muss.
   c) Die Höhe von Löhnen und Gehältern bestimmt sich ausschließlich über Angebot und Nachfrage.

7. **Wie verändert sich die Bedeutung der Gewerkschaften in Zeiten des Strukturwandels?**
   a) Sie werden zunehmend wichtiger, da die Arbeitnehmer immer individuellere Ansprüche an ihre Arbeit stellen.
   b) Ihre Bedeutung nimmt ab, da sie die Arbeitnehmer in neu entstandenen Branchen oft noch nicht vertreten.
   c) Ihre Bedeutung verändert sich nicht, da sie sich an die neuen Anforderungen anpassen.

Aufgabe

Bestimme jeweils die richtige Antwort auf die Frage.

Stell dir vor, du lebst in einem kleinen Dorf, irgendwo in den Bergen. Dein Geld verdienst du als Bergbauer. Du besitzt eine Kuh und verkaufst Milch und Käse. Jeden Morgen treibst du die Kuh auf eine Almwiese. Diese Wiese gehört der Gemeinde und auch die anderen 19 Familien im Dorf lassen ihre Kuh dort kostenlos weiden.

Da du bereits seit einigen Jahren recht sparsam lebst, konntest du genug Geld sparen, um eine weitere Kuh anschaffen zu können. Deine Kinder werden größer und du könntest etwas mehr Geld gut gebrauchen. Also beginnst du, dich ernsthaft mit dieser Lösung auseinandersetzen. Dazu überlegst du:

Welcher Nutzen entsteht?

Wer hat den Nutzen?

Welche Kosten entstehen?

Wer trägt die Kosten?

Was weißt du schon?

1. Lest gemeinsam den oben stehenden Text. Jeder beantwortet zunächst alle vier Fragen für sich.
2. Tragt die Ergebnisse eurer Klasse zusammen. Um wie viele Tiere wird die Herde auf der Gemeindewiese größer?
3. Benennt Probleme, die durch eure Entscheidungen für euch und für die Gemeindewiese entstehen.
4. Findet mögliche Lösungen, wie diese Probleme vermieden werden könnten.

3

#Wie soll die Wirtschaft geordnet werden?

Jeder Mensch und auch jedes Unternehmen würde gerne frei entscheiden, was für sie das Beste ist. Durch eigennütziges Verhalten, können aber andere Menschen, Unternehmen oder die Umwelt zu schaden kommen. Daher gibt es Regeln oder Anreize, die dich und auch Unternehmen in euren wirtschaftlichen Entscheidungen lenken. Aber wer setzt diese Anreize und in welche Richtung soll die Gesellschaft überhaupt gelenkt werden?

Was lernst du in diesem Kapitel?

- ... zu erklären, wie der Staat das wirtschaftliche Handeln beeinflussen kann und welche Auswirkungen das hat.
- ... zu erläutern, wie das Spannungsverhältnis zwischen wirtschaftlicher Freiheit und sozialer Gleichheit abgemildert werden kann.
- ... zu beschreiben, wie die Entwicklung der Wirtschaft gemessen und beschrieben werden kann.
- ... zu erläutern, welche wirtschaftlichen Regelungen für die Mitgliedstaaten der EU gelten.
- ... Chancen und Risiken bei der Herstellung eines globalen Produkts zu beurteilen.

GEMEINSAM AKTIV

Der Wirtschaft eine Ordnung geben

Um zu verstehen, wie eine Wirtschaftsordnung funktioniert, muss man die Zusammenhänge einer Volkswirtschaft verstehen. Ihr könnt dieses Kapitel gemeinsam erarbeiten, indem ihr euer eigenes Land erfindet. Ordnet die Wirtschaft dort nach euren eigenen Vorstellungen. Am Ende des Kapitels könnt ihr mit einem Spiel testen, wie gut eure Wirtschaft funktioniert.

Geht dabei so vor:

1

Gestaltet eine Länderkarte für das Land, in dem ihr spielen wollt

Das Land kann frei erfunden sein. Auf der Karte sollte folgendes vermerkt sein:

- Name und Landesflagge.
- eine Wirtschaftsordnung. Sie bildet die Grundlage für das Spiel, das ihr mit dem Training am Ende des Kapitels abschließt.
  (→ Kapitel 1: M1, M6, M8, #Zentralverwaltungswirtschaft – freie Marktwirtschaft; #Soziale Marktwirtschaft)
- Ziele, die ihr mit eurem Land erreichen wollt.
  (→ Kapitel 3.2: M1, #Wirtschaftswachstum)

2

Gestaltet Rollenkarten für einzelne Bürger

Ihr braucht einen Arbeitgeber, einen Arbeitnehmer und einen Arbeitssuchenden.
Auf den Karten sollte jeweils vermerkt sein,

- welche Rechte und Pflichten die Bürger jeweils haben und
- über welche Mittel sie verfügen können.

→ Kapitel 3.1: M2+M3.

3

Gebt euch einen Maßnahmenkatalog

- Gestaltet Ereigniskarten mit wirtschaftspolitischen Herausforderungen. (→ Kapitel 3.1: M4)
- Nennt konkrete politische Maßnahmen, mit denen ihr auf wirtschaftspolitische Herausforderungen reagieren wollt. (→ Kapitel 3.2: M13+M14)

4

Entscheidet über Partner

- Entscheidet, ob ihr mit eurem Land dem europäischen Binnenmarkt beitreten wollt. (→ Kapitel 3.3: M1-M5)
- Entscheidet, ob ihr die Einfuhr von Produkten aus anderen Ländern erlauben wollt. (→ Kapitel 3.3: M6-M13)

Überlegt euch, ob ihr damit eine besondere Verantwortung übernehmt und wenn ja, wie ihr dieser gerecht werden wollt.

3.1 Zwischen wirtschaftlicher Freiheit und sozialer Gleichheit – Wie möchtest du leben?

In welcher Wirtschaftsordnung möchtest du leben?

Lebst du gerne in Deutschland? Oder würdest du lieber in einem anderen Land leben? Wenn du dir vorstellen kannst, einmal auszuwandern, solltest du dir nicht nur überlegen, wie das Wetter dort ist, oder ob dir die Landschaft gefällt. Mindestens ebenso wichtig ist die Frage, welche wirtschaftlichen Möglichkeiten und welche Sicherheiten ein Land bieten kann.

M1 Wirtschaftsordnungen im Vergleich

Willkommen in Praahta!

▶ Wirtschaftliche Freiheit:

Bestimmen Sie, was Sie mit Ihrem Geld und Ihrer Arbeitskraft anfangen wollen.

▶ Gewinnmöglichkeiten:

Behalten Sie Ihre Gewinne.

▶ Steuern und Sozialabgaben:

Zahlen Sie nur wenige Steuern und Sozialabgaben.

▶ Risiken und Sicherheit:

Entscheiden Sie selbst, wie Sie sich gegen Risiken versichern wollen.

Willkommen in Dyllen!

▶ Wirtschaftliche Freiheit:

Vertrauen Sie uns Ihre wirtschaftlichen Entscheidungen an. Wir wissen, was gebraucht wird und wie Sie Ihr Geld und Ihre Arbeitskraft am besten einsetzen.

▶ Gewinnmöglichkeiten:

Von Gewinnen profitieren wir alle gemeinsam.

▶ Steuern und Sozialabgaben:

Mit Ihren Steuern und Sozialabgaben tragen Sie zu einer funktionierenden Gemeinschaft bei.

▶ Risiken und Sicherheit:

Sie sind durch den Staat rundum abgesichert.

M2 Wirtschaften in Praahta

Regierungsvertreter
Wir denken, dass der freie Markt am besten für wirtschaftlichen Erfolg sorgen kann. Der Preis bietet genügend Handlungsanreize.
- Wenn sich mit etwas Geld verdienen lässt, findet sich jemand, der es herstellt.
- Was nicht mehr gekauft wird, wird billiger oder wird nicht mehr hergestellt.
- Arbeitsplätze entstehen, wenn Arbeitgeber durch Arbeitskräfte mehr Geld verdienen können.

Daher ermöglichen wir allen, selbstständig auf dem freien Markt tätig zu sein.
Dazu sorgen wir für Gesetze, die den Tausch auf dem Markt ermöglichen. Und wir sorgen dafür, dass niemand Angst haben muss, dass ihm andere sein Eigentum wegnehmen.

Unternehmer
Die Entscheidungen in meinem Unternehmen treffe ich. Ich bestimme, was oder wie viel ich produziere, ob ich Leute entlasse oder einstelle und wie viel sie verdienen. Wenn wir Gewinn machen, bestimme ich, wie er verteilt wird. Wenn wir Verlust machen, trage ich das Risiko.

Bürger
Alles, was ich besitze, gehört mir. Ich kann damit machen, was ich will. Wann und wie ich arbeite kann ich selbst entscheiden.

M3 Wirtschaften in Dyllen

Regierungsvertreter
Wir können über alle Produktionsmittel in unserem Land verfügen. Durch geschickte wirtschaftliche Planung wollen wir sowohl Wohlstand als auch sozialen Ausgleich ermöglichen. Dazu entscheiden wir, mit welchem Ziel die Produktionsmittel eingesetzt werden.
- Wir können den Unternehmen Vorgaben darüber machen, wie viel sie produzieren sollen.
- Wir können über die Einstellungen von Unternehmen bestimmen.
- Wir können bestimmen, als was unsere Bürger arbeiten sollen.
- Wir können sogar festlegen, was ein Gut kosten soll.

Unternehmer
Das Unternehmen gehört allen Bürgerinnen und Bürgern. Ich habe die Aufgabe, Vorgaben aus der Politik umzusetzen. Wenn mir das gelingt, bekomme ich eine Belohnung. Wenn es mir nicht gelingt, kann ich meinen Posten verlieren.

Bürger
Alles, was ich besitze, gehört mir. Ich kann damit machen, was ich will. Damit meine Arbeitskraft richtig eingesetzt wird, kann die Regierung bestimmen, was und wo ich arbeiten soll.

M4 Was tust du, wenn …

- … die Arbeitslosigkeit deutlich ansteigt?
- … dringend Maurer benötigt werden?
- … Brot teurer wird und gleichzeitig Ackerland verwildert?
- … die Energiekosten steigen?
- … plötzlich alle Bürger ein E-Bike wollen?
- … die Mieten immer stärker ansteigen?
- … immer mehr Touristen ins Land kommen.
- … die ideale Streckenführung für eine Schnellbahntrasse über Privatgrundstücke läuft?

WIRTSCHAFTSORDNUNGEN: FREIE MARKTWIRTSCHAFT – ZENTRALVERWALTUNGSWIRTSCHAFT

Die Regeln, die ein Staat für seine Wirtschaft festlegt, nennt man Wirtschaftsordnung.
Eine Wirtschaft, die von einer zentralen Stelle gesteuert wird, nennt man Zentralverwaltungswirtschaft.
In dieser Wirtschaftsordnung legt der Staat fest, wie viel von was produziert wird. Eine genaue Planung des Staates soll ermöglichen, dass es allen Menschen in dem Land in etwa gleich gut geht.
In der freien Marktwirtschaft werden dagegen alle Entscheidungen dezentral über Angebot und Nachfrage auf dem Markt bestimmt.
Wichtig für alle Entscheidungen ist die Frage nach den Kosten und den Nutzen. Jeder Mensch kann in der freien Marktwirtschaft seine eigenen Entscheidungen treffen, muss dafür aber auch Gewinne und Verluste selbst verantworten.

AUFGABEN

1. Finde ein Motto für die beiden Länder Praahta und Dyllen (**M1**).
2. Begründe, in welchem der Länder aus **M1** du lieber wohnen würdest.
3. Bildet Dreiergruppen und teilt die Rollen aus **M2** untereinander auf. Entscheidet, wie ihr als Regierungsvertreter, Unternehmer oder Bürger auf die Ereignisse in **M4** reagieren würdet.
4. Wiederholt das Spiel in den entsprechenden Rollen aus **M3**.
5. Ordne die beiden Länder Praahta und Dyllen den Wirtschaftsordnungen freie Marktwirtschaft und Zentralverwaltungswirtschaft zu (**#Wirtschaftsordnungen**).

F zu Aufgabe 2
Gibt es ein Land, in dem du gerne wohnen würdest oder wo du gerne im Urlaub bist? Recherchiere im Internet, welche Wirtschaftsordnung dein Lieblingsland hat. (→ Methode Internetrecherche S. 111)

F zu Aufgabe 3
Die Wirtschaftsordnungen werden in den Rollen positiv dargestellt. Tausche dich mit einem Partner über mögliche Nachteile aus.

H zu Aufgabe 5
Überprüfe, welche Rolle der Staat in Praahta und Dyllen hat. Wenn er viel mitbestimmen kann, handelt es sich um die Zentralverwaltungswirtschaft.

Soziale Marktwirtschaft – ein „Mittelweg"?

Deutschland ist bekannt für seine Wirtschaftsordnung – die Soziale Marktwirtschaft. Wie viel wirtschaftliche Freiheit verfolgen wir? Und wie kann unsere Wirtschaftsordnung soziale Gerechtigkeit schaffen?

M5 Was ist eine Wirtschaftsordnung?

Luca: Hey Leo, sag mal hast du das Thema im Wirtschaftsunterricht heute verstanden? Wirtschaftsordnungen, Marktwirtschaft ... so viele schwierige Begriffe! Warum braucht man das überhaupt?
Leo: Ich glaube, die Wirtschaftsordnung ist so etwas wie das Regelwerk vom Staat für die Wirtschaft. Sie organisiert die Zusammenarbeit zwischen Unternehmen, privaten Haushalten und dem Staat. Aber mein Onkel kann uns das bestimmt genauer erklären, er arbeitet als Journalist für den Wirtschaftsteil einer Zeitung.
Luca: Oh super, der soll uns mal erklären, worum sich der Staat kümmern muss, um seine Wirtschaft zu organisieren ...

M6 Wie wird die Wirtschaft organisiert?

Lenkung
Wer entscheidet, was in welchen Mengen und in welcher Qualität produziert wird?

Wettbewerb
Gibt es mehrere Anbieter?

Preisbildung
Wie werden die Preise bestimmt?

Gehälter
Wie werden die Arbeitsbedingungen (z. B. die Höhe der Gehälter) geregelt?

Zielsetzung
Was ist das Ziel eines Unternehmens?

Eigentum
Wem gehören die Produktionsmittel, also z. B. die Maschinen in einer Fabrik?

Ludwig Erhard (CDU)
2. Bundeskanzler der BRD (1963-1966), Wirtschaftsminister (1949-1963) und „Vater des Deutschen Wirtschaftswunders"

M7 Der Staat als Schiedsrichter

„Ebenso wie beim Fußballspiel der Schiedsrichter nicht mitspielen darf, hat auch der Staat nicht mitzuspielen. Die Zuschauer würden es den Spielpartnern auch außerordentlich übel nehmen, wenn diese vorher ein Abkommen geschlossen und dabei ausgehandelt haben würden, wieviel Tore sie dem einen oder anderen zubilligten. Die Grundlage aller Marktwirtschaft bleibt die Freiheit des Wettbewerbs."
Ludwig Erhard, Regierungserklärung vom 18. Oktober 1963

M8 Die Soziale Marktwirtschaft – ein „Mittelweg“?

Leo: Was kennzeichnet die Soziale Marktwirtschaft?
Journalist: Das Prinzip des freien Marktes soll mit dem Prinzip des sozialen Ausgleichs verbunden werden. Durch die Marktwirtschaft soll der Wohlstand in der Bevölkerung immer weiter steigen und allen zugutekommen.

Luca: Wo gilt das Prinzip des Marktes?
Journalist: Die Produktionsmittel und Unternehmen gehören größtenteils Privatpersonen. Jeder darf ein Unternehmen gründen und seinen Arbeitsplatz frei wählen. Die Unternehmen bestimmen über die Produktion und müssen sich am Markt orientieren. Die Preise werden ebenfalls vom Markt, also durch Angebot und Nachfrage, bestimmt.

Leo: Was ist mit sozialem Ausgleich gemeint?
Journalist: Diejenigen, die in Notsituationen sind oder ihren Lebensunterhalt nicht allein bestreiten können (z. B. alte und kranke Menschen, Arbeitslose und Menschen mit geringem Einkommen), erhalten staatliche Unterstützung. Der Staat sorgt außerdem mit Gesetzen dafür, dass bestimmte Standards bei den Arbeitsbedingungen eingehalten werden. Er legt z. B. einen Mindestlohn fest.

Luca: Welche Aufgaben hat der Staat darüber hinaus?
Journalist: Der Staat sichert den Wettbewerb, indem z. B. Zusammenschlüsse von Unternehmen überprüft und ggf. untersagt werden. Der Staat stellt auch öffentliche Güter bereit. Er finanziert z. B. das Bildungssystem und versucht auf diese Weise, Chancengleichheit herzustellen.

SOZIALE MARKTWIRTSCHAFT

Die Soziale Marktwirtschaft ist die Wirtschaftsordnung der Bundesrepublik Deutschland. Sie verbindet marktwirtschaftliche Elemente wie den Wettbewerb, mit sozialem Ausgleich.
Der Grundsatz in der Sozialen Marktwirtschaft lautet: So viel Markt wie möglich, so viel Staat wie nötig. Indem der Staat Preisabsprachen zwischen den Unternehmen verbietet, ermöglicht er freien Wettbewerb. Der Staat greift ein, wenn dem Gemeinwohl geschadet wird und unterstützt diejenigen Marktteilnehmer, die selbst nicht in der Lage sind, für sich zu sorgen.

AUFGABEN

1. Beantworte die Fragen in **M6** einmal für die freie Marktwirtschaft und für die Zentralverwaltungswirtschaft (**#Wirtschaftsordnung**).
2. Arbeite aus **M7** heraus, was Ludwig Erhard besonders wichtig an der Sozialen Marktwirtschaft war.
3. Stelle die Kernpunkte der Sozialen Marktwirtschaft dar, indem du die Fragen in **M6** mithilfe von **M8** beantwortest.

Soll der Staat auf die Höhe der Löhne Einfluss nehmen?

Du möchtest ein neues Smartphone für 300 Euro. Wie frei bist du in deiner Entscheidung?
Für die Erfüllung unserer Wünsche und Bedürfnisse sind wir alle auf Geld angewiesen. Doch wie frei wird bestimmt, wie viel wir verdienen?

M9 Für 300 Euro arbeitet ...

Philipp Lahm
(ehemaliger Fußballprofi)

2 Minuten

Heidi Klum
(Top-Model)

4 Minuten

Angela Merkel
(Bundeskanzlerin)

3 Stunden

Klinikärztin

13 Stunden

Bankkauffrau

18 Stunden

Bäcker

30 Stunden

Die Zeiten gelten, wenn man von einer 38-Stunden Woche ausgeht.

tof/HuffPost, www.huffpost.de. 4.7.2014

M10 Ich bin so frei ...

... und erfülle meinem Kind seinen Wunsch nach einem neuen Smartphone.
... und fahre mit meiner Familie mehrmals im Jahr in den Urlaub.
... und finanziere meinem Kind Nachhilfe.
... und richte meinem Kind ein eigenes Zimmer ein.
... und kaufe auch mal Medikamente, die von der Krankenkasse nicht gezahlt werden.
... und erlaube meinem Kind ein teures Hobby.
... und kaufe mein Essen im Bio-Markt.

M11 Einkommen zwischen wirtschaftlicher Freiheit und sozialer Gerechtigkeit

Die Einkommensunterschiede sind zu groß. Daher würde ich mich dafür einsetzen, dass der Mindestlohn weiter angehoben wird.

Die Einkommensunterschiede sind ein Ausdruck von Freiheit. Wer mehr leistet oder besser qualifiziert ist, verdient mehr. Daher würde ich mich gegen gesetzliche Vorgaben wehren.

Die Einkommensunterschiede sind zu groß. Daher würde ich mich dafür einsetzen, dass eine Lohnobergrenze eingeführt wird.

AUFGABEN

1. Analysiere **M9**. Welche Zahlen überraschen dich?
2. Spielt „Einen Schritt nach vorne“
   a) Teilt die Rollen aus **M9** untereinander auf und stellt euch an die Stirnseite des Klassenzimmers.
   b) Lest die Aussagen aus **M10** nacheinander laut vor.
   c) Immer wenn ein Schüler die Aussage mit „ja“ beantworten kann, macht er einen Schritt nach vorne.
   d) Beschreibt gemeinsam das Ergebnis eures Spiels.
3. Entscheide dich für eine der Aussagen aus **M11** oder formuliere eine eigene. Begründe deine Entscheidung.
4. Erläutere, warum der Einsatz für mehr Lohngleichheit immer eine Einschränkung von Freiheit ist.

F zu Aufgabe 3
Die Regierung entscheidet, ob sie in ihrer Wirtschaftspolitik den Schwerpunkt eher auf wirtschaftliche Freiheit oder auf soziale Gerechtigkeit legt. Recherchiere, welche Ziele die SPD und CDU in ihrer Wirtschaftspolitik vertreten. (→ Methode Internetrecherche S. 111)

H zu Aufgabe 4
Überlege dir zuerst, wie unterschiedliche Löhne und Freiheit zusammen hängen.

KOMPETENZ: Urteilen

Urteilen anhand von Kriterien

Um etwas beurteilen zu können, braucht man einen Maßstab, an dem man sich orientieren kann. Ein Fußballspiel z. B. kann als "Weltklassespiel" oder als "Grottenkick" beurteilt werden, aber woran wird das festgemacht? Bei diesem Beispiel würden die meisten wohl Kriterien wie „Atmosphäre im Stadion“; „Anzahl der Tore“; „spannende Schlussphase“ o. Ä. heranziehen.
Für die Beurteilung von politischen Problemlagen, Positionen oder Entscheidungen gibt es spezielle Kriterien, die du hier kennenlernst. Sie helfen dir bei der Strukturierung eines Urteils oder Debatte.

Kriterium:	Effektivität	Effizienz	Legitimität	Verantwortbarkeit
Was es bedeutet:	Löst der Vorschlag das Problem?	Stehen Kosten und Nutzen der Lösung in einem angemessenen Verhältnis?	Welche wichtigen Werte werden berücksichtigt oder verletzt?	Was sind die Nachteile der Lösung und wäre ich bereit, sie zu tragen?
Wie du es prüfen kannst:	Greift der Vorschlag an der Ursache des Problems an?	Wird mit den Mitteln ein möglichst großer Nutzen erreicht?	Solche Werte können z. B. sein: Gemeinwohl Freiheit Sicherheit Gerechtigkeit Solidarität Nachhaltigkeit Wohlstand Frieden Demokratie oder andere	Welche Nachteile entstehen durch die Lösung?
	Werden die Folgen abgemildert?	Werden die Mittel sparsam eingesetzt?		
	Kann der Vorschlag umgesetzt werden?			
Prüfergebnis	Effektiv oder nicht?	Stimmt das Verhältnis von Kosten und Nutzen?	Stimmt das Verhältnis von verletzten und nicht verletzten Werten?	Warum wärst du (nicht) bereit, diese zu tragen?

zunehmend persönliches Prüfergebnis

persönlich gewichtetes Gesamturteil

- Welches Kriterium ist dir bei dieser Streitfrage am Wichtigsten?
- Warum ist das so?

M12 Sollte der Staat einen Mindestlohn einführen?

Pro	Kontra
– Arbeitgeber sind mächtiger, als die Arbeitnehmer. Ein Mindestlohn stärkt die Position der Arbeitnehmer. – Durch den Mindestlohn wird sichergestellt, dass die Menschen von ihrem Lohn menschenwürdig leben können. Das muss der Staat nach Art. 1 Grundgesetz sicherstellen. – Ein höherer Lohn zeigt die Wertschätzung für die Arbeitnehmer. – Durch den Mindestlohn wird dafür gesorgt, dass der Abstand zwischen Arm und Reich nicht so groß ist.	– Durch den Mindestlohn haben Unternehmen höhere Kosten. Diese geben sie über die Preise an die Kunden weiter. – Der Mindestlohn gefährdet Arbeitsplätze, da die Arbeitgeber dann weniger Menschen einstellen können. – Ein Mindestlohn von 8,84 € (Stand 2018) ändert nichts an der großen Lohnungleichheit in Deutschland. – Je mehr der Staat in die Löhne eingreift, desto mehr verletzt er die Freiheit von Arbeitgebern und Arbeitnehmern.

AUFGABEN

1. Verfasse die Hinführung an die Streitfrage: „Sollte der Staat einen Mindestlohn einführen?" Beschreibe anschaulich (z. B. anhand eines Beispiels) das Problem.
2. Ordne die Argumente der Pro-Kontra-Tabelle den Kriterien der Urteilsbildung zu.
3. Entfalte eines der Argumente schriftlich, indem du die Behauptungen mit Begründung und Beleg oder Beispiel versiehst.
4. Bewerte schriftlich die Streitfrage, ob der Staat einen Mindestlohn einführen sollte. Führe dazu die Urteilsbildung aus der Methodenkarte durch. Prüfe die Kriterien Effektivität, Effizienz, Legitimität und Verantwortbarkeit.

H zu Aufgabe 1
Habe dabei Ursachen, Inhalt und Folgen im Blick. Schließe deine Hinführung mit der Formulierung „Daher stellt sich die Frage, ob der Staat einen Mindestlohn festsetzen soll."

H zu Aufgabe 4
Es kann sein, dass du nicht zu jedem Kriterium ein Argument findest.
Es ist möglich, dass es zu manchen Kriterien sowohl Pro- als auch Kontra-Argumente gibt. Dann musst du begründen, welches für dich schwerer wiegt.

Sollen Erbschaften besteuert werden?

Stelle dir vor, du erbst von deiner Oma 500.000 Euro. Wenn du davon jemandem abgeben müsstest, der weniger hat als du, wie viel wäre aus deiner Sicht angemessen?

M13 Generation Erben

Ise Berlachs Großvater hat ein erfolgreiches Unternehmen gegründet. Bereits bei ihrer Geburt lagen mehrere 100.000 Euro auf ihrem Konto. Seither kommen immer wieder größere Beträge hinzu. Ise muss nicht arbeiten. Wenn ihr Vater stirbt, kann sie mit einer Erbschaft von mehreren Millionen Euro rechnen.

Patrick Sloboda ist der Sohn einer Anwältin und eines Bankkaufmanns. Er selbst arbeitet als Architekt. Da seine Eltern lange Zeit berufstätig waren, kann er davon ausgehen, dass sie ihm eine Eigentumswohnung und vielleicht 100.000 Euro vererben.

Linda Großes Eltern haben es mit einer eigenen Bäckereikette in einer Kleinstadt zu Wohlstand gebracht. Nach der Mittleren Reife hat auch Linda eine Bäckerlehre absolviert. Sie hofft, die Bäckerei übernehmen und weiter führen zu können, wenn ihre Eltern in den Ruhestand gehen.

M14 Sollen Erbschaften besteuert werden?

Chancen vererben

Wer erbt, ist nicht nur finanziell im Vorteil, sondern hat auch eine größere Chance, sein Leben erfolgreich zu gestalten. [...] Deshalb sehe ich gerade die Begnadeten in der Pflicht, ihren Beitrag für eine gerechtere Gesellschaft zu leisten. Ein Generationen-Soli, der in Kindergärten, Schulen und Universitäten investiert wird, könnte die Zukunft aller besser machen. Und es würden nur wenige genügen, um ihn zu finanzieren.

Nach: Wolfgang Gründinger, www.zeit.de, 16.7.2015

Begnadeter
Mensch, dem alles zu fällt, der sehr begabt ist

Mein Erbe gehört mir

Wer oder was ermächtigt denn den Staat, sich nach dem Tod der Eltern aus der Familienkasse zu bedienen und so die Autonomie [Eigenständigkeit] der Familie einzuschränken? [...] Erben ist ein Geschenk an die nahen Angehörigen, ein Akt der Liebe vor dem letzten Atemzug. Und hier, im engsten Familienkreis, in diesem Heiligtum, hat der Staat nichts zu suchen. Die Entscheidung, was und wie viel ich meinen Nachfahren hinterlasse, zählt zu den persönlichen Freiheiten. [...]

Nach: Laura Diaz, www.zeit.de, 18.7.2015

ermächtigt
jemandem das Recht geben etwas zu tun

M15 Die Regelungen der Erbschaftssteuer

Die Höhe der Erbschaftssteuer hängt vom Einkommen ab. Sie liegt zwischen 7 % und 30 %, abhängig von der Steuerklasse. Alle Freibeträge gelten, wenn Kinder von ihren Eltern erben. Bei anderen Verwandtschaftsverhältnissen gelten geringere Beträge.

Geld und Immobilien müssen ab einem Gesamtwert von über 400.000 Euro versteuert werden.

Hausrat, wie Möbel, Haushaltsgeräte oder Bekleidung müssen ab einem Gesamtwert von über 41.000 Euro versteuert werden.

Nach: Bayerisches Staatsministerium der Finanzen, Steuerinformationen – Die Erbschaft- und Schenkungsteuer, November 2016, S. 12, S. 31

M16 Die Erbschaftssteuer und der Sozialstaat

In einem Urteil vom 17. Dezember 2014 erklärt das Bundesverfassungsgericht (BVerfG) die Erbschaftssteuer für ein Mittel des Sozialstaats. Sie soll verhindern, dass Reichtum nur in wenigen Familien bleibt. Man soll nicht viel reicher werden, nur weil man in die richtige Familie geboren ist oder die richtigen Freunde hat. Es ist Aufgabe der Politik hier für Ausgleich zu sorgen und zu verhindern, dass sich Ungleichheit verfestigt.

Nach: BVerfG, Urteil des Ersten Senats vom 17. Dezember 2014 – 1 BvL 21/12

Bundesverfassungsgericht
Das BVerfG ist der Hüter des Grundgesetzes und trifft wegweisende Entscheidungen zur Auslegung des Grundgesetzes.

AUFGABEN

1. Entscheide für die in **M13** dargestellten Fälle, wie viel die Personen von ihrer Erbschaft behalten dürfen sollen.
2. Vergleiche die Regelungen der Erbschaftssteuer (**M15**) mit deinen eigenen Entscheidungen aus Aufgabe 1.
3. Erläutere, wie die Erbschaftssteuer in Bezug zu wirtschaftlicher Freiheit und sozialer Gerechtigkeit steht (**M14**).
4. a) Erkläre die Aussage der Verfassungsrichter aus **M16**.
   b) Bewerte die Aussage der Verfassungsrichter mithilfe der Methode „Urteilen anhand von Kriterien".

F zu Aufgabe 2
Recherchiere für den dritten Fall (**M13**), wie die Regelungen der Erbschaftssteuer bei Firmenerben sind.
(→ Methode Internetrecherche S. 111)

H zu Aufgabe 3
Mit wirtschaftlicher Freiheit ist hier gemeint, dass jeder ohne Einmischung über sein Vermögen bestimmen kann. Soziale Gerechtigkeit entsteht nur, indem der Staat ausgleichende Maßnahmen ergreift. Ordne zunächst zu, welcher der beiden Texte in **M14** für welches Ziel argumentiert.

Wie kann ich mich an der Gestaltung der Wirtschaft beteiligen?

Neben der Interessenvertretung der Gewerkschaften (vgl. Kap. 2.3) gibt es in der Wirtschaft noch weitere Möglichkeiten für den Einzelnen, sich digital oder analog an den politischen Entscheidungsprozessen zu beteiligen.

M17 Glyphosat und Bienensterben in den Medien

Bienensterben: Sollten Insektizide verboten werden?
Ralf Grötker, Julia Harlfinger, www.faz.net 28.3.2013

Glyphosat beeinträchtigt das Orientierungsverhalten der Bienen
www.mellifera.de 22.9.2015

Unkrautfrei mit Glyphosat
Kerstin Arnold, www.alnatura.de

STADT STUTTGART BREMST EINSATZ VON GLYPHOSAT
Josef Schunder, www.stuttgarter-zeitung.de 10.3.2018

Agrarministerin Klöckner:
Was Bienen schadet, muss vom Markt
Julia Klöckner, www.zdf.de 25.3.2018

M18 Was ist Glyphosat?

Glyphosat ist ein chemischer Stoff. Er steckt in verschiedenen Pflanzenschutzmitteln. Bauern nutzen diese, um Unkraut zu vernichten. Jedes Jahr sprühen sie die Flüssigkeit auf ihre Äcker. Aber auch in Vorgärten, Parks oder entlang von Bahngleisen kommen Mittel mit Glyphosat zum Einsatz, um Pflanzenwachstum zu verhindern.

Landwirte setzen den Stoff ein, wenn sie Getreide säen wollen, ohne zu pflügen. Glyphosat vernichtet alles Grüne. Daneben kommt der Stoff auf die Äcker, bevor geerntet werden soll. Mit dem Unkrautvernichter sterben Halme ab. Das Korn kommt dann trocken vom Feld und kann gut gelagert werden.

Vielen Menschen ist die Chemikalie aber ein Dorn im Auge. Denn über das Getreide gelangt sie auch in unsere Lebensmittel. Es wird vermutet, dass der Stoff bei Menschen die Krankheit Krebs auslösen kann. Allerdings kommen Untersuchungen hier zu unterschiedlichen Ergebnissen. Es ist nicht sicher, ob das Mittel krank macht. Umweltschützer sind ebenfalls gegen Glyphosat. Sie sagen, es lässt wirklich nur noch die Pflanzen stehen, die für uns nützlich sind. Tieren wie der Biene nehmen wir damit die Lebensgrundlage.

AfK, www.news4kids.de, 18.5.2016

M19 Mit Bürgerstimmen gegen Unkrautvernichter

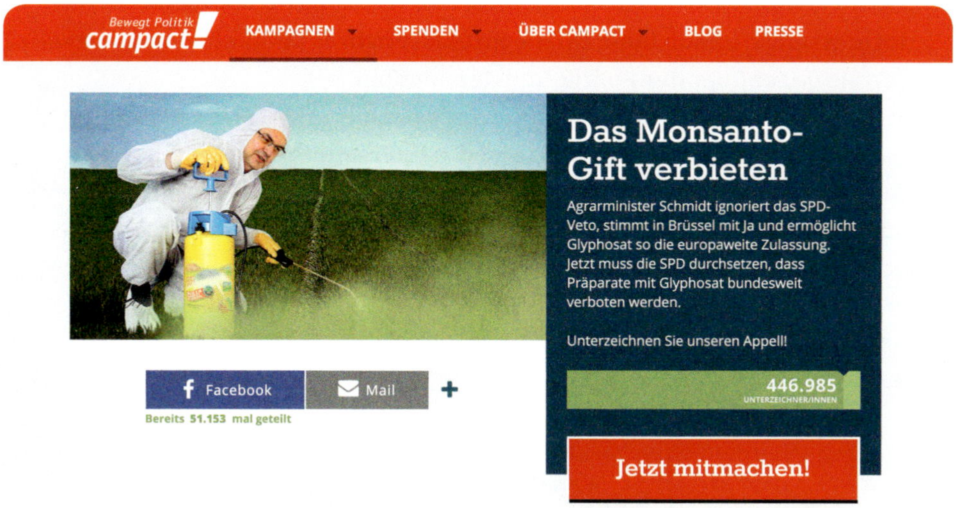

NGO (NICHTREGIERUNGSORGANISATION)

Eine NGO ist eine nichtstaatliche Organisation und arbeitet unabhängig von staatlicher Förderung. NGOs gibt es für alle verschiedenen politischen und wirtschaftlichen Themen.

Ihr Ziel ist es, ihre Anliegen bekannt zu machen und darauf hinzuwirken, dass sich bestimmte Dinge in Gesellschaft, Wirtschaft oder Politik verändern. Eine Möglichkeit sich online in einer NGO zu engagieren, sind Petitionen. Dabei sammeln die NGOs online Unterschriften von Unterstützern und bündeln damit die Stimmen einzelner Bürger.

Erklärfilm zu Lobbyismus

Mediencode: 82202-03

INTERESSENVERBÄNDE

Interessenverbände bündeln die Interessen ihrer Mitglieder und vertreten sie gegenüber der Politik und den Medien.
Interessenverbände gibt es zu allen verschiedenen Themenbereichen. Es handelt sich dabei in der Regel um dauerhafte Zusammenschlüsse mit festen Strukturen. Wenn Interessenverbände Einfluss auf die Politik nehmen, spricht man auch von Lobbyismus. Lobbyisten versuchen die Abgeordneten von ihren Anliegen zu überzeugen. Kritisiert wird häufig, wenn aktive Politiker in Verbänden Positionen übernehmen oder die Verbände Parteien durch Spenden versuchen zu beeinflussen.

Interessenverbände

beeinflussen über ...

Presse / Medien
Presseartikel, Fernseh-Reportagen

Regierungen
Beratung der Ministerien

Parlament
Verbandsvertreter als Abgeordnete

Parteien
Verbandsvertreter als Mitglieder

AUFGABEN

1. Lies dir die Schlagzeilen in **M17** und den Text **M18** durch. Beschreibe das dargestellte Problem in eigenen Worten.
2. Teilt euch in zwei Gruppen auf und recherchiert mit der Methode „Im Internet recherchieren" Informationen zum Bauernverband und zur NGO Campact.
   a) Recherchiert jeweils, welche Einstellung die beiden Akteure zum Thema Glyphosat haben.
   b) Recherchiert, ausgehend von den Materialien im Buch, mit welchen Aktivitäten die Akteure in den letzten Jahren versucht haben, ihre Interessen zu erreichen. Weitere Informationen findet ihr in Presseartikeln und über die Homepages der Akteure.
   c) Präsentiert eure Ergebnisse vor der Klasse.
3. Nenne Stärken und Schwächen der Beteiligung über NGOs und über Interessenverbände.
4. Begründe, welche Beteiligungsform du wählen würdest, um deine Interessen zum Thema Glyphosat durchzusetzen.
5. Verfasse einen Leserbrief für deine Lokalzeitung, indem du deine Einstellung zu einem Verbot von Glyphosat begründest.

H zu Aufgabe 1
Erkläre, wie die Begriffe unkrautfrei, Glyphosat, Bienen und Ministerin zusammenhängen.

F zu Aufgabe 2b
Überprüfe, an wen sich die Aktionen jeweils richten.

H zu Aufgabe 5
Versuche die Leser der Zeitung emotional anzusprechen. Verwende trotzdem Argumente und Beispiele.

KOMPETENZ: Methode

Im Internet recherchieren

Das Internet bietet viele verschiedene Informationen an. Bei den tausenden Internetseiten kann man schnell den Überblick verlieren. Eine Recherche im Internet muss daher strukturiert angegangen werden.

1. Wähle eine Suchmaschine aus

Eine Suchmaschine hilft dir, die Unmengen an Informationen im Internet zu durchsuchen. Du öffnest eine Suchmaschine, indem du ihre Internetadresse in deinem Browser eingibst.

- Die bekannteste Suchmaschine ist „Google" *(www.google.de).*
- „DuckDuckGo" sammelt keine Daten von dir. *(www.duckduckgo.de)*
- „Blinde-Kuh" *(www.blinde-kuh.de)* richtet sich speziell an jüngere Sucher.

2. Formuliere den Suchbegriff

Für ein gutes Ergebnis solltest du deine Suche genau formulieren.

- Verbinde zwei Begriffe durch ein +, um die Suche einzugrenzen. *(Schule + Handy)*
- Setze Begriffe in Anführungszeichen, um nach genau dieser Wortkombination zu suchen. *(„Handyverbot in der Schule")*

3. Wähle aus den Ergebnissen

Als Ergebnisse bekommst du eine Liste mit Überschriften und kurzen Texten.

- Klicke die Seite an und überfliege den Inhalt.
- Wenn du glaubst, dass die Seite dir weiterhilft, kannst du sie genauer prüfen (→ Schritt 4).
- Wenn die Seite dir nicht die gewünschten Informationen gibt, klickst du auf den Pfeil links oben. Dann kommst du zurück auf die Liste der Suchergebnisse und kannst eine neue Seite auswählen.

Wenn du auch nach mehreren Versuchen keine passende Seite gefunden hast, solltest du den Suchbegriff ändern oder eine andere Suchmaschine wählen.

4. Prüfe die Seite

Jeder kann im Internet eine Information posten. Daher ist es wichtig, die Verlässlichkeit einer Internetquelle zu prüfen.

Folgende Fragen helfen dir dabei:

- **Wer ist für die Seite verantwortlich?** (Gibt es Kontaktdaten, im besten Fall von einer öffentlichen Institution oder einer bekannten Nachrichtenseite?)
- **Inhalt/sachliche Richtigkeit** (Wie aktuell sind die Informationen? Lassen sich die Aussagen überprüfen? Werden Quellen angegeben?)
- **Warum werden die Informationen veröffentlicht?** (Was ist das Ziel der Seite? An wen richtet sich die Information? Ist das Dokument sachlich und neutral? Wird versucht, den Leser zu beeinflussen?)

5. Sichere die Informationen

Willst du die Informationen einer Seite verwenden, solltest du sie sichern.

- Markiere die Informationen, die du weiter verwenden willst und kopiere sie mit einem Rechtsklick.
- Achte bei der Weiterverwendung fremder Texte, Bilder oder Videos auf die Einhaltung des Urheberrechts.
- Öffne ein Textdokument. Klicke mit der rechten Maustaste in das Dokument und wähle „einfügen".
- Auf die gleiche Weise solltest du die Internetadresse der Information kopieren. Diese findest du in der Zeile ganz oben in deinem Browserfenster.
- Speichere das Textdokument.

GRUNDWISSEN

ZWISCHEN WIRTSCHAFTLICHER FREIHEIT UND SOZIALER GLEICHHEIT

WIRTSCHAFTSORDNUNGEN UNTERSCHEIDEN SICH (M1-M4)

Der Gesetzgeber regelt die wirtschaftlichen Beziehungen zwischen den verschiedenen Marktteilnehmern. Dazu geben sie sich eine Wirtschaftsordnung. Verschiedene Wirtschaftsordnungen kann man danach unterscheiden, wie viele Entscheidungen durch den Staat oder durch den Markt gefällt werden. In einer freien Marktwirtschaft werden die Entscheidungen auf dem Markt, durch Angebot und Nachfrage getroffen. Der Staat beschränkt sich darauf, für Sicherheit zu sorgen. In der Zentralverwaltungswirtschaft hingegen kann der Staat an vielen Stellen in die Wirtschaft eingreifen, um ein gewünschtes Ziel zu erreichen.

WIRTSCHAFTSORDNUNGEN IM VERGLEICH (M1-M8)

Kategorie	Zentralverwaltungswirtschaft	Freie Marktwirtschaft	Soziale Marktwirtschaft
Lenkung	Zentrale Lenkung durch den Staat	Dezentrale Steuerung durch die Marktkräfte über Angebot und Nachfrage	Steuerung durch den Markt; Der Staat minimiert starke Ungleichheiten.
Preisbildung	Staatliche Festsetzung der Preise	Angebot und Nachfrage	Angebot und Nachfrage mit wenigen staatl. Vorgaben (z. B. Buchpreise)
Zielsetzung der Unternehmen	Planerfüllung	Gewinnmaximierung	Sozialverträgliche Gewinnmaximierung
Wettbewerb	Kein Wettbewerb vorhanden	Sehr stark ausgeprägt, den Marktteilnehmern überlassen	Wettbewerb wird gefördert (z. B. Verbot von Preisabsprachen)
Löhne und Gehälter	Werden staatlich festgelegt	Werden zwischen den Betroffenen frei ausgehandelt	Werden zwischen den Betroffenen frei ausgehandelt; staatlicher Mindestlohn
Eigentum	Alle Güter sind staatliches Eigentum.	Privates Eigentum wird durch den Staat geschützt.	Privates Eigentum wird durch den Staat geschützt.

GRUNDWISSEN

DIE SOZIALE MARKTWIRTSCHAFT ALS SONDERFORM (M5-M8)

Zwischen der freien Marktwirtschaft und der Zentralverwaltungswirtschaft steht das bundesdeutsche Modell der Sozialen Marktwirtschaft. Sie versucht den Gegensatz von wirtschaftlicher Freiheit und sozialer Gleichheit auszugleichen. Sie sorgt dafür, dass die Marktwirtschaft funktioniert und gewährleistet soziale Sicherheit und sozialen Ausgleich. Dadurch soll mehr soziale Gerechtigkeit erreicht werden und Wohlstand gerecht verteilt werden.

FREIHEIT UND GLEICHHEIT IN EINEM SPANNUNGSVERHÄLTNIS (M9-M12)

Weil Menschen schon von Natur aus nicht gleich sind, kann absolute Freiheit Ungleichheit verstärken. Die Starken nutzen ihre Möglichkeiten und werden noch stärker, die Schwachen bleiben zurück. Daher schützt die Soziale Marktwirtschaft die Schwachen, etwa indem sie einen Mindestlohn festsetzt. Gleichzeitig erlaubt sie Eingriffe in die Freiheit der Starken, zum Beispiel durch die Besteuerung von Erbschaften.

VERMÖGEN KANN UMVERTEILT WERDEN (M13-M16)

Auch die Umverteilung von Vermögen kann ein Mittel der Sozialen Marktwirtschaft sein, um mehr soziale Gerechtigkeit herzustellen. Das ist ein Eingriff in die Freiheit der Vermögenden, da sie über diesen Teil nun nicht mehr bestimmen können. Der deutsche Staat versucht dadurch die Ausgangsbedingungen für alle Bürgerinnen und Bürger anzugleichen.

WIRTSCHAFTSPOLITISCHE ENTSCHEIDUNGEN BEEINFLUSSEN (M17-M19)

Wie sehr der Staat in die Freiheiten seiner Bürgerinnen und Bürger eingreifen soll, ist umstritten. Um deine eigene Meinung durchzusetzen, hast du verschiedene Möglichkeiten. So kannst du einer Gewerkschaft beitreten oder dich in einem Verband oder einer Organisation engagieren. Besonders Interessenverbände haben oft weitreichende Möglichkeiten, um ihre Interessen gegenüber der Politik durchzusetzen. Alternativ kann man sich auch direkt an die Politiker wenden oder über eine der zahlreichen Nichtregierungsorganisationen (NGOs) eine Petition unterstützen.

3.2 Wirtschaftswachstum und Wachstumspolitik

Wie wird unsere Wirtschaftsleistung gemessen?

Unsere Volkswirtschaft ist sehr komplex. Unternehmen, Haushalte und der Staat kaufen Produkte, stellen Waren her, bieten Dienstleistungen an oder zahlen Steuern. Wie kann man über all diese Leistungen der Wirtschaft den Überblick behalten?

M1 Wenn ich mehr Geld hätte, würde ich ...

als Politiker
... die Infrastruktur verbessern.
... neue Gebäude bauen.
...

als Bürger
... ein neues Haus bauen.
... häufiger einkaufen gehen.
...

als Unternehmer
... neue Mitarbeiter einstellen.
... eine neue Niederlassung aufbauen.
...

M2 Was zählt zum Bruttoinlandsprodukt (BIP)?

Dan E. Burr, Michael Goodwin, Übersetzer: Edmund Jacoby, Economix – Wie unsere Wirtschaft funktioniert (oder auch nicht), Jacoby/Stuart, 5. Auflage 2015, S. 141

BRUTTOINLANDSPRODUKT (BIP)

Die Größe, in der das Wirtschaftswachstum gemessen wird, heißt Bruttoinlandsprodukt (BIP). Das BIP ist die Summe aller wirtschaftlichen Leistungen eines Landes in einem Jahr.
Alle Ausgaben, die Menschen in Deutschland tätigen, für Lebensmittel, Autos, für Häuser oder Friseurbesuche, fließen in das Bruttoinlandsprodukt mit ein. Dazu kommen noch die Ausgaben, die der Staat tätigt. Dazu gehören die Gelder für den Straßenbau oder für Schulen und die Polizei. Auch die Unternehmen geben Geld aus, zum Beispiel für neue Maschinen.
Von allen Produkten muss der Wert der Vorleistungen abgezogen werden. D. h., dass der Wert eines Autos berechnet wird, nicht aber der Reifen, Batterien etc. die im Vorfeld dafür produziert wurden.

Erklärfilm zu Bruttoinlandsprodukt

Mediencode: 82202-04

WIRTSCHAFTSWACHSTUM

Wenn das Bruttoinlandsprodukt in einem Jahr größer ist als im voran gegangenen Jahr, spricht man von Wirtschaftswachstum.
In Phasen des Wirtschaftswachstums geht es der Wirtschaft sehr gut. Die Arbeitslosigkeit ist niedrig, weil viele Unternehmen bereit sind, neue Mitarbeiter einzustellen. Unternehmen tätigen Investitionen, vergrößern sich und sind bereit, ihren Mitarbeitern höhere Löhne zu zahlen.

Erklärfilm zu Wirtschaftswachstum

Mediencode: 82202-05

AUFGABEN

1. Überlege dir mit einem Partner, was die drei Akteure mit mehr Geld kaufen könnten.
2. Erkläre in eigenen Worten, was das Bruttoinlandsprodukt ist (**M2**).
3. Entscheide für die folgenden Produkte, ob sie als Endprodukte in das BIP mit eingerechnet werden, oder als Vorleistung abgezogen werden müssen (**#Bruttoinlandsprodukt**):

   Erdöl | Haarschnitt | Fruchtjoghurt | Baumwolle | Kakaobohnen | Tiefkühlpizza | Kaffeepulver

4. Führt für drei Tage einen Haushaltsplan. Vergleicht eure Ergebnisse danach in der Klasse. In welchem Wert habt ihr als Klasse in diesem Zeitraum zum deutschen BIP beigetragen?

F zu Aufgabe 1
Nenne Quellen, aus denen die drei Akteure mehr Geld bekommen könnten.

Wie kann die Wirtschaftskraft in Zahlen ausgedrückt werden?

Das Bruttoinlandsprodukt ist ein wichtiger Indikator, um die Wirtschaftskraft verschiedener Länder zu vergleichen. Um wirtschaftlichen Kennzahlen richtig lesen zu können, ist es wichtig, sicher mit Statistiken umgehen zu können.

Das **BIP pro Kopf** ist das gesamte BIP eines Landes, geteilt durch die Anzahl seiner Einwohner. Damit kann die Wirtschaftsleistung sehr großer und sehr kleiner Länder besser verglichen werden.

M3 BIP pro Kopf in ausgewählten EU Ländern

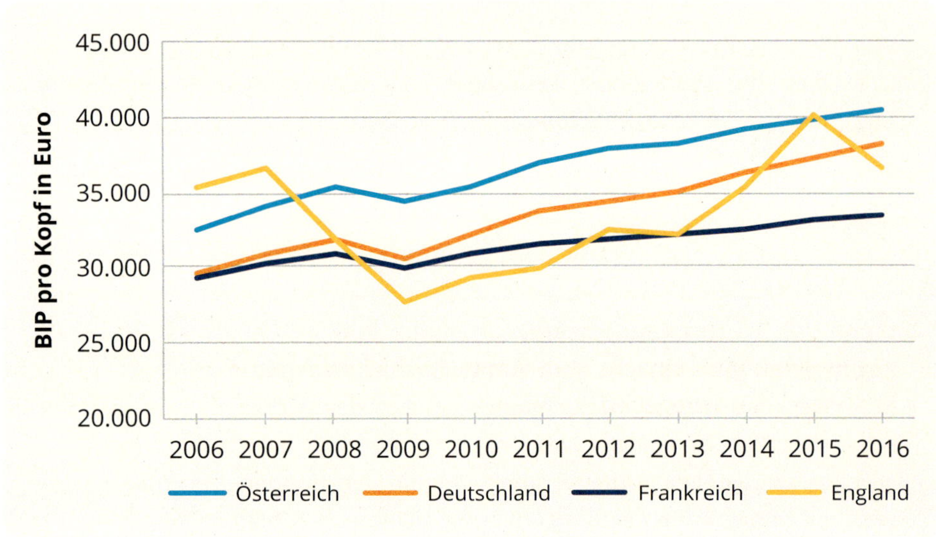

Zahlen: Eurostat, BIP zu Marktpreisen pro Kopf

M4 Verteilung der Wertschöpfung nach Wirtschaftszweigen in Deutschland 2017

Wertschöpfung
Summe der erbrachten wirtschaftlichen Leistungen in den einzelnen Unternehmen

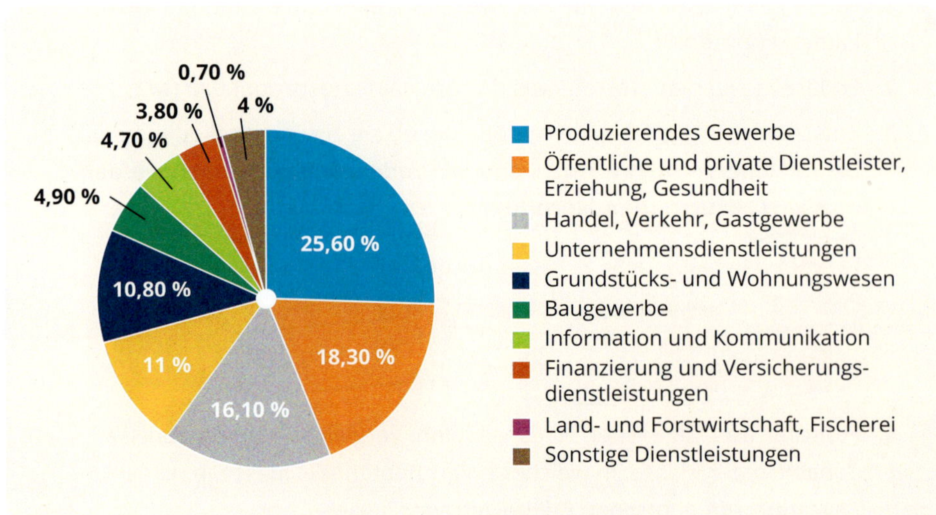

Zahlen: Statistisches Bundesamt, Bruttoinlandsprodukt 2017 für Deutschland

F zu M4
Finde jeweils drei Berufe, die zu den vier größten Wirtschaftszweigen zählen.

KOMPETENZ: Methode

Diagramme und Schaubilder analysieren

1. **Fragestellung / Thema bestimmen**
   Was ist das Thema des Diagramms / Schaubilds? Lies genau die Überschrift der Darstellung.
2. **Darstellungsform bestimmen**
   Um welche Darstellungsform, welche Art von Diagramm handelt es sich?
   In Schaubildern sind die Zahlendiagramme mit grafischen Elementen und Bildern verbunden. Dadurch soll die Aussage der Zahlen deutlicher gemacht und veranschaulicht werden – damit sie sich besser und schneller einprägt.
3. **Diagramm/Schaubild beschreiben**
   - In welcher Maßeinheit sind die Zahlenwerte angegeben? Handelt es sich um absolute Zahlen? Dann steht dort z. B. „in Tausend“ oder „in Millionen“. Oder sind relative Zahlen dargestellt? Diese Angaben erfolgen in Prozent (%) oder „von 100“ und geben den Anteil der betrachteten Gruppe an.
   - Welcher Zeitpunkt oder Zeitraum ist dargestellt?
   - Was ist als Quelle der Darstellung angegeben?
4. **Analysieren und Aussagen formulieren**
   - Was zeigen die Zahlen und Daten? Ist eine (zeitliche) Entwicklung zu erkennen?
   - Gibt es Besonderheiten oder Auffälligkeiten? Können Höchst-, Tiefst- oder Durchschnittswerte abgelesen werden?
   - Was ist die Gesamtaussage des Diagramms? Versuche diese in einem Satz zu formulieren.
5. **Schaubild kritisch beleuchten und erklären**
   Ist die Form der Darstellung korrekt? Passen die Abstände im Koordinatensystem, sind die Einheiten nicht gestreckt oder gestaucht, sondern vergleichbar?
   Wie ist die Aussage des Schaubilds / Diagramms in das Thema einzuordnen? Berücksichtige hierbei, was du schon alles zu dem Thema gelernt hast. Bestätigen sich deine Vorkenntnisse oder sind Widersprüche oder neue Aspekte zu erkennen?

ⓐ

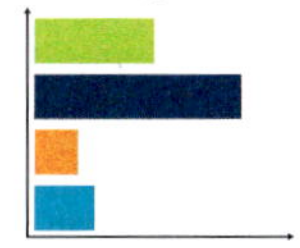

Balkendiagramm

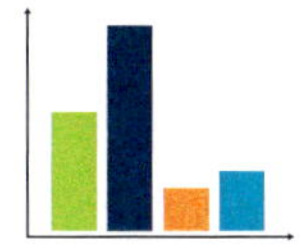

Säulendiagramm

ⓑ

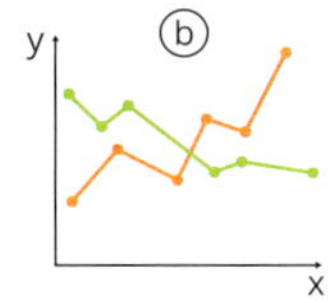

Liniendiagramm

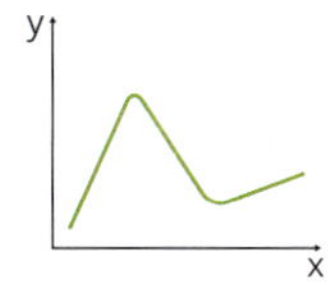

Kurvendiagramm

ⓒ

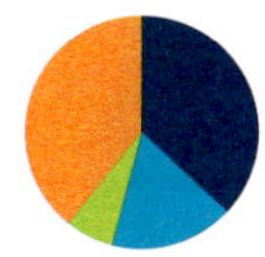

Kreisdiagramm

AUFGABEN

1. Analysiere das Diagramm in **M3** mithilfe der Methodenkarte:
   a) Welches Land hat von 2006 bis 2016 die größten Schwankungen in seinem BIP?
   b) Welche Volkswirtschaft hat sich im angegebenen Zeitraum am stärksten weiter entwickelt?
2. Erkläre, warum die Einheit „BIP pro Kopf“ besser zum Vergleich von Volkswirtschaften geeignet ist als das BIP.
3. Analysiere die Aussage des Diagramms in **M4**.

H zu Aufgabe 1
In **M3** werden mehrere Entwicklungen in einem Diagramm verglichen. Konzentriere dich beim vierten Punkt der Analyse zunächst nur auf eine der Linien.

F zu Aufgabe 1
Stelle die Entwicklung des deutschen BIP pro Kopf in einem Säulendiagramm dar.

H zu Aufgabe 3
Die Prozentangaben stellen hier den Anteil der Wirtschaftszweige am gesamten BIP dar.

Wer profitiert vom Wirtschaftswachstum?

Jeder Mensch ist in gewisser Weise an der Wirtschaft beteiligt. Manche als Arbeitnehmer, manche als Arbeitgeber und jeder gleichzeitig auch als Konsument. Stelle dir vor, du bekommst dein erstes eigenes Gehalt. Was machst du mit dem Geld und wer profitiert außer dir von deinem Einkommen?

M5 Ein Gebrauchtwagen für Sandra?

Stuckateur
Berufsbezeichnung für Bauhandwerker, die im Innenausbau und an Fassaden arbeiten.

Sandra Silovic ist Auszubildende als Stuckateurin im dritten Lehrjahr. Sie hofft nach ihrer Abschlussprüfung auf eine Festanstellung. Von ihrem ersten richtigen Gehalt, möchte sie sich einen Gebrauchtwagen kaufen. Gregor Correll, der Inhaber des Stuckateurbetriebs, muss vor jeder größeren Entscheidung genau die wirtschaftlichen Zahlen prüfen. Erst danach kann er Sandra eine endgültige Antwort geben.

M6 Rollenkarten

Sandra Silovic

Sandra Silovic (19 Jahre) macht eine duale Ausbildung zur Stuckateurin. Sie arbeitet gerne im Betrieb von Gregor Correll und versteht sich gut mit ihren Kollegen. Sie hofft, dass sie dort nach ihrer Gesellenprüfung eine Festanstellung bekommt. Damit verdient sie endlich etwas mehr und kann sich Dinge leisten, die zu teuer für ein Azubi-Gehalt waren, wie z. B. ein eigenes Auto.

Gregor Correll

Gregor Correll (52 Jahre) führt einen Stuckateurbetrieb. Er hat derzeit sieben Mitarbeiter. Seine Aufträge sind vor allem Renovierungsarbeiten an Wohnhäusern. Die Auftragslage ist nicht schlecht, für eine Neueinstellung bräuchte er aber noch ein oder zwei große Aufträge. Um Sandra fest übernehmen zu können, hofft er auf einen festen Auftrag der Familie Ahmeti.

Familie Ahmeti

Familie Ahmeti lebt bei Stuttgart, wo Herr Ahmeti bei einem Automobilzulieferer beschäftigt ist. Die Auftragslage ist derzeit sehr gut, weshalb Herr Ahmeti eine Gehaltserhöhung bekommen hat. Die Familie denkt deshalb darüber nach, ihr altes Haus von Herrn Correll renovieren zu lassen. Die Renovierung eines Hauses ist keine kleine Sache. Daher werden die Ahmetis über einen längeren Zeitraum hohe Ausgaben haben.

Martin und Julia Sander

Die Geschwister **Martin** und **Julia Sander** handeln mit Gebrauchtwagen. Sie sind stolz darauf, ihre Preise immer so zu gestalten, dass sie einen ordentlichen Gewinn machen und nicht auf ihren Autos sitzen bleiben. Dazu orientieren sie sich danach, wie viele Menschen einen Gebrauchtwagen kaufen wollen. Als Arbeitgeber haben sie auch Angestellte, denen sie immer feste Löhne zahlen müssen. Außerdem müssen regelmäßig Steuern und Kosten für die Gebäude bezahlt werden. Sie sind deshalb darauf angewiesen, gut zu wirtschaften.

AUFGABEN

1. a) Bildet Vierergruppen: Teilt die Rollen Sandra Silovic, Gregor Correll sowie von Herrn und Frau Ahmeti untereinander auf (**M6**).

b) Ihr befindet euch in einer Phase des Wirtschaftswachstums. Spielt:
- Das erste Gespräch von Herrn Correll mit Sandra.
- Das Treffen von Herrn Correll mit Familie Ahmeti.
- Das Gespräch, in dem Herr Correll Sandra berichtet, ob er sie fest anstellen kann.

Kann Sandra sich ihr Auto kaufen?

c) Recherchiert in Partnerarbeit in der Rolle der Geschwister Sander (**M6**) die Ergebnisse aller Spielgruppen und entscheidet, ob ihr eure Autos teurer oder billiger anbieten wollt.

H zu Aufgabe 1c
Erinnere dich an den Mechanismus der Preisbildung. Bei hoher Nachfrage kann man höhere Preise verlangen und umgekehrt.

Wenn das BIP an seine Grenzen stößt

Wenn du beschließt, dir kein teures neues Smartphone zu kaufen, da du die Verantwortung der Herstellungsbedingungen nicht tragen möchtest, bleibt das BIP gleich. Wenn du eine Flugreise unternimmst, steigt das BIP, aber die Umwelt leidet unter den Abgasen. Misst das BIP also wirklich den Fortschritt und die Nachhaltigkeit einer Gesellschaft?

M7 Zufrieden sein ohne Konsum

Münster – Auf dem Herd steht eine Campingtasse, auf dem Boden liegen Holzscheite für den eisernen Ofen. Klaus Reinhardt, den man in Münster als „Onkel Willi" kennt, führt ins Wohnzimmer seiner Gartenlaube. Es ist nicht viel mehr Platz als für einen Sessel, ein Regal und ein Klavier.

SZ: Sie haben vier Jahrzehnte auf der Straße gespielt. Konnten Sie allein von dem leben, was im Geigenkasten landete?

Klaus Reinhardt: Ich würde nicht hier sitzen, wenn man es nicht könnte. Es ist eine Frage der Lebenskunst, denn es gibt auch mal Phasen, da kommt gar nichts rein.

SZ: Wie fing das an mit der Straßenmusik?

Reinhardt: Ich hatte einen sehr guten Job als Tontechniker beim Hessischen Rundfunk. Den musste ich kündigen, weil er mit meiner Lebensweise kollidierte.

SZ: Was kollidierte da?

Reinhardt: Na, so ein Schichtjob, ganz unregelmäßige Arbeitszeiten, das ging auf Kosten meines Lebens! Ich brauchte doch Zeit für die Musik.

SZ: Und heute? Wofür geben Sie Geld aus?

Reinhardt: Für die Grundbedürfnisse, Essen, Trinken, Tabak. Für das Leben also. Ich bin sehr genügsam. Abends rolle ich mich hier auf meinem Sessel vor dem Ofen zusammen. Leider habe ich ja mein Katerchen nicht mehr, der war immer bei mir. Nachts stehe ich dann auf, lege Holz nach und mache ein bisschen Musik oder schaue die Sterne an.

SZ: Sie haben 40 Jahre auf der Straße musiziert. Was lernt man da?

Reinhardt: Meine Maxime war immer: Für die Menschen spielen, nicht für Geld. Warum soll ich denn jeden Tag neun Stunden dieses ganze Geld verdienen, das ich nicht brauche? Damit das funktioniert, wird dir eingeredet, du brauchst dieses und jenes. Es wäre doch viel sinnvoller, weniger zu arbeiten und weniger auszugeben. Aber die Leute wissen ja nicht, was sie mit ihrer Zeit machen sollen, die hängen nur vor der Glotze. Ich hab' hier keinen Fernseher, keinen Computer und keine Langeweile.

Interview: Conradi, Malte/ Langhans, Katrin, Süddeutsche Zeitung, 29.4.2016

M8 Die Grenzen des Bruttoinlandsprodukts

Wer produziert, trägt zum Wachstum des Bruttoinlandsprodukts [...] und somit zum Wirtschaftswachstum bei. Was dabei herauskommt, ist fast egal. Müll zählt auch. Die Verbraucher kaufen Waren, packen sie aus und stopfen die Verpackung in die Tonne. Nach Gebrauch landet auch das Gekaufte oft im Müll. Ein Entsorgungsunternehmen holt dann alles ab und verdient damit Geld. Die Erträge des Müllsammlers fließen ins Bruttoinlandsprodukt ein: Wirtschaftswachstum durch Verschwendung. [...] Das Bruttoinlandsprodukt, kurz BIP, sagt auch nichts über die Verteilung von Einkommen, Vermögen und Zuwächsen, also nichts über das Maß sozialer Gerechtigkeit in einer Gesellschaft. Auch ehrenamtliches Engagement, die unbezahlt geleistete Hausarbeit, Kindererziehung oder die unbezahlte Pflege alter und kranker Angehöriger zuhause erfasst das BIP nicht.

Die Abfallwirtschaft ist ein eigener Wirtschaftszweig, der zum BIP beiträgt

Robert Fishman, www.deutschlandfunk.de, 6.5.2010

M9 Lebensstile messbar machen

Die Idee für den Ökologischen Fußabdruck hatten die Wissenschaftler Mathis Wackernagel und William Rees in den 90er Jahren. Sie haben ein Buchhaltungssystem für die Umweltressourcen unserer Erde entwickelt.

Auf der Angebotsseite wird gemessen, welche Flächen der Planet hat: Wälder, Felder, Seen, Meere, Wüsten, Weiden, Steppen, Straßen und Städte. Dabei wird auch die unterschiedliche „biologische Produktivität" der Erdoberfläche berücksichtigt. Das Ergebnis entspricht der Biokapazität der Erde.

Auf der Nachfrageseite wird berechnet, wie viel Biokapazität die Menschen nutzen. Energiegewinnung, Bauland, Viehzucht: Jedes Wirtschaften beansprucht Fläche. Auch Abfälle und Abgase muss die Umwelt verarbeiten. Mit dem Ökologischen Fußabdruck kann man Angebot und Nachfrage vergleichen. Wie viel Natur haben wir? Wie viel brauchen wir? Und wer nutzt wie viel? Die Einheit in diesem Buchhaltungssystem ist die biologisch produktive Fläche – dargestellt in der Maßeinheit „globale Hektar" (gha).

Der ökologische Fußabdruck misst die Auswirkungen des eigenen Handelns auf die Umwelt.

Über den ökologischen Fußabdruck, www.fussabdruck.de, abgerufen am 22.2.2018

M10 Happy Planet Karte

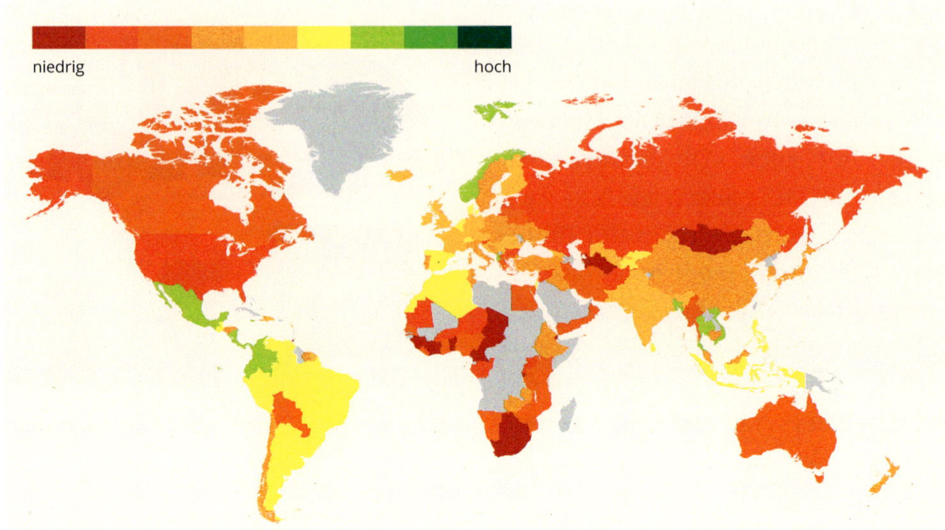

www.happyplanetindex.org, abgerufen am 22.2.2018

HAPPY PLANET INDEX (HPI)

Der Happy Planet Index beschreibt, wie zufrieden die Bewohner eines Landes sind, ohne dabei der Umwelt zu schaden.
Im Happy Planet Index werden das eigene Wohlbefinden, die Lebenserwartung und der ökologische Fußabdruck miteinander in Zusammenhang gebracht. Das schlechte Abschneiden hoch entwickelter Industrienationen hängt vor allem mit ihrem großen ökologischen Fußabdruck zusammen. Über den Fußabdruck, misst der HPI im Gegensatz zum BIP auch die Nachhaltigkeit der Weltbevölkerung. Über das eigene Wohlbefinden misst er die Zufriedenheit der Menschen, unabhängig von der wirtschaftlichen Leistung.

F zu Aufgabe 4a
Mache den Test zu deinem eigenen ökologischen Fußabdruck *http://www.fussabdruck.de/fussabdrucktest/*. Vergleicht anschließend eure Ergebnisse in der Klasse.

H zu Aufgabe 4
Stell den HPI dem BIP in einer Tabelle gegenüber. Verwende dafür deine Ergebnisse aus Aufgabe 3. Wie löst der HPI diese Probleme?

AUFGABEN

1. Welche Aspekte sind für dich wichtig, um zu messen, ob ein Land modern und fortschrittlich ist? Erstelle eine Rangliste.
2. Erläutere, warum ein hohes Wirtschaftswachstum für Menschen wie Klaus Reinhardt keine Rolle spielt (**M7**).
3. Nenne die Grenzen des BIP, die im Text genannt werden (**M8**).
4. a) Beschreibe in eigenen Worten den Happy Planet Index und seinen Zusammenhang mit dem ökologischen Fußabdruck. (**M9, M10**).
   b) Begründe, warum dieser Indikator besser zur Beschreibung des Wohlstandes geeignet ist, als das BIP (**M8**).

Wie entwickelt sich die Wirtschaft?

Eine gleichbleibend positive Entwicklung der Wirtschaft wäre eine schöne Vorstellung. Aber ist sie auch wirklich realistisch? Stell dir vor, du suchst einen Ausbildungsplatz nach der Schule. Wie hängt deine Suche mit der Entwicklung der Wirtschaft zusammen?

Erklärfilm zu Konjunkturzyklen

Mediencode: 82202-06

M11 Der Konjunkturzyklus

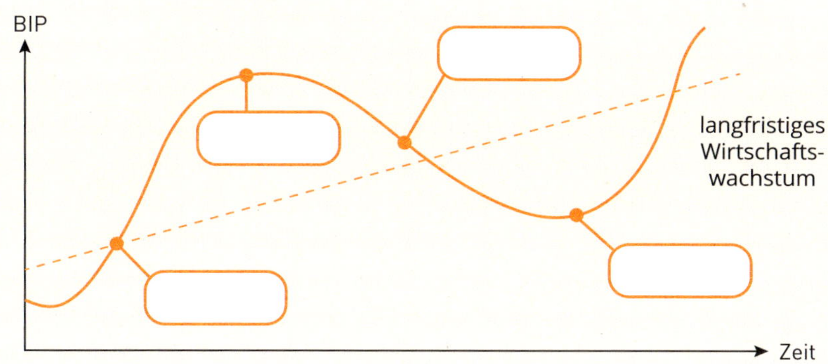

KONJUNKTURZYKLUS

Unter dem Konjunkturzyklus versteht man das regelmäßige Auf und Ab der wirtschaftlichen Lage eines Landes. An dem Punkt, an dem es der Wirtschaft am schlechtesten geht, spricht man von einer Depression. Darauf folgt ein Aufschwung, der in der besten Phase Boom genannt wird. Anschließend kommt es zu einem Abschwung. Die Abfolge dieser Phasen wird als Konjunkturzyklus bezeichnet.
Während des Aufschwungs wächst die Wirtschaft. Es wird mehr produziert, die Beschäftigung nimmt zu und die Menschen haben mehr Geld. Bei einem Abschwung ist es dann umgekehrt. Erklärungen für dieses Auf und Ab gibt es viele.

Konjunktur
ist der Fachbegriff für die Beschreibung der wirtschaftlichen Situation

Zyklus
ist ein anderes Wort für Kreislauf

AUFGABEN

1. a) Übertrage die Grafik **M11** in dein Heft.
   b) Beschrifte die Grafik mit den Begriffen aus der Randspalte (**M11**).
2. Begründe, ob folgende Tätigkeiten jeweils in einer Phase des Aufschwungs oder des Abschwungs statt finden:
   Arbeitssuche, Sparen, Geld ausgeben, Preise senken, Produzieren
3. Stellt euch vor, die Wirtschaft schrumpft. Spielt das Rollenspiel mit dem Gebrauchtwagen für Sandra unter den veränderten Rahmenbedingungen.

Wege aus der Krise – Sparen oder Investieren?

Wenn die Wirtschaft ins Stocken gerät, haben alle Akteure Nachteile. Es gibt mehr Arbeitslose, Löhne steigen nicht mehr und es wird weniger produziert. Welche Möglichkeiten hat der Staat, um die Situation wieder zu verbessern?

M12 Wenn die Wirtschaft in der Krise ist, …

Stell dir vor, die wirtschaftliche Lage in dem Gebrauchtwagen-Beispiel verschlechtert sich. Da ein Abschwung oder eine Depression oft mit Kündigungen verbunden ist, fürchtet Herr Ahmeti um seinen Arbeitsplatz. Er spart sein Geld deshalb und lässt sein Haus nicht renovieren. Das bedeutet für Gregor Correll einen Auftrag weniger und ihm fehlt das Geld, um Sandra Silovic fest anzustellen. Ohne einen festen Job kann sie sich kein Auto kaufen und muss sehr auf ihre Ausgaben achten. Da die meisten Bürger in einem Abschwung sparen, werden auch weniger Produkte gekauft. Auch die Geschwister Sander haben also weniger Geld in der Tasche, weil sie nicht mehr so viele Autos verkaufen können (vgl. S. 118 f.).

M13 Der Wirtschaftskreislauf

Im letzten Schuljahr hast du den Wirtschaftskreislauf kennengelernt. Darin lassen sich wirtschaftliche Zusammenhänge übersichtlich darstellen.

Transferzahlungen
sind Zahlungen, die der Staat ohne Gegenleistung zahlt. Dazu zählen zum Beispiel Kinder- und Arbeitslosengeld.

Subventionen
sind Transferzahlungen an Unternehmen. Damit werden bestimmte Zweige der Wirtschaft gefördert.

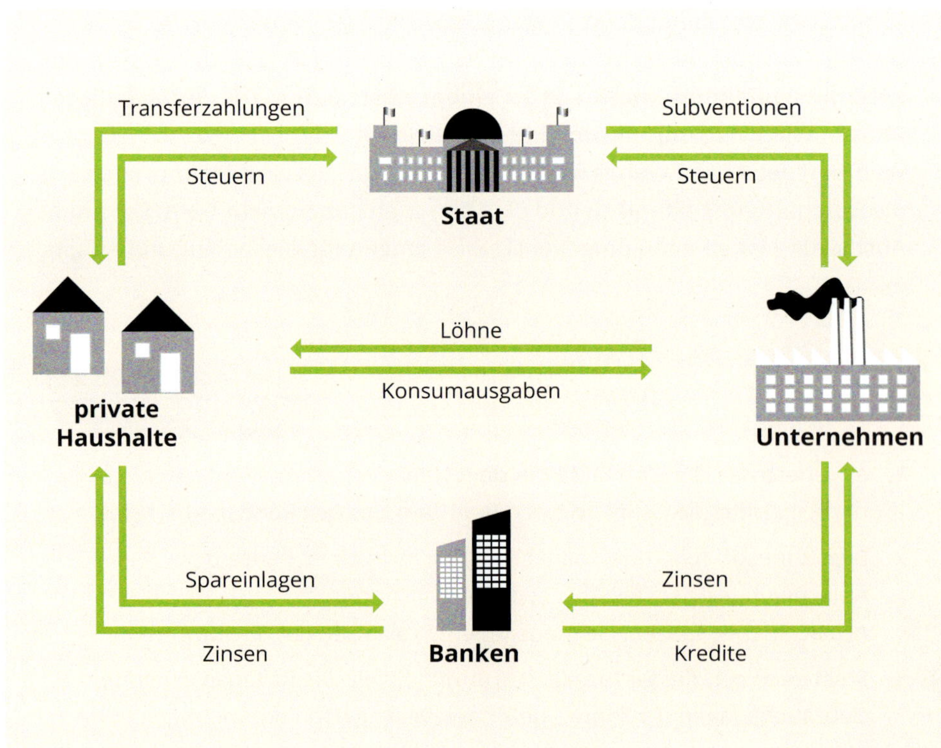

M14 Positionen zur Bewältigung einer Wirtschaftskrise

Darüber, wie eine Wirtschaftskrise bewältigt werden kann, gibt es verschiedene Ansichten. Frau Günter und Herr Binder kandidieren für den Bundestag. Sie vertreten jeweils eine andere Position:

Zur Bewältigung unserer Krise benötigen wir Arbeitsplätze. Nur so können unsere Bürgerinnen und Bürger wieder Geld ausgeben. Wir müssen daher dafür sorgen, dass es sich lohnt, Arbeitsplätze zu schaffen. Das können wir erreichen, wenn wir die Löhne und Steuern niedrig halten. Oder wir können zum Beispiel den Kündigungsschutz lockern. Dann können die Arbeitgeber leichter Menschen einstellen. Insgesamt wird die Wirtschaft gestärkt und die Menschen verdienen Geld, das sie wieder ausgeben können. Die Wirtschaft beginnt wieder zu wachsen.

Wie sollen wir Wachstum erreichen, wenn unsere Bürgerinnen und Bürger kein Geld haben, das sie ausgeben können? Wenn wir jetzt Schulden machen, kann der Staat Schulen und Straßen bauen. Dann verdienen zum Beispiel die Bauarbeiter wieder mehr Geld. Sie können ihre Familien ernähren und sich etwas leisten. So verdienen auch andere wieder Geld, das sie ausgeben können. Wir investieren in die Zukunft und unsere Wirtschaft beginnt zu wachsen. Die steigenden Steuereinnahmen ermöglichen uns die Rückzahlung unserer Schulden.

AUFGABEN

1. a) Übertrage die Grafik aus **M13** in dein Heft.
   b) Markiere mit einem roten Minus alle Geldströme, die in einer Wirtschaftskrise kleiner werden.
2. Erkläre mit Hilfe von **M13** die Zusammenhänge einer Wirtschaftskrise.
3. Begründe mit Hilfe von **M12** und **M13**, warum es dem deutschen Staat nicht egal sein kann, wenn die Wirtschaft sich dauerhaft in einer Krise befindet.
4. Markiere im Wirtschaftskreislauf, bei welchem Akteur die beiden Kandidaten mit ihren Programmen jeweils ansetzen würden (**M13**, **M14**).
5. Welcher der Kandidaten überzeugt dich mehr? Führt in der Klasse eine Punktabfrage durch.

H zu Aufgabe 4
Überlege, welchem Akteur im Wirtschaftskreislauf sie besonders helfen wollen.

Welche Auswirkungen hat das Eingreifen des Staates in der Krise?

Unser Wirtschaftssystem ist sehr komplex. Wenn die Regierung eine wirtschaftspolitische Entscheidung trifft, hat diese viele unterschiedliche Konsequenzen. Sie muss deshalb vorher genau abwägen, wer wie betroffen ist. Angenommen, du dürftest die Regierung bei einer wirtschaftspolitische Maßnahme beraten. Was würdest du vorschlagen?

M15 Vom Staatsauftrag zum Wirtschaftswachstum

Wirtschaftswachstum	Bau von Schulen und Straßen
Aufträge an Bauunternehmen	Unternehmen haben Geld, um Menschen einzustellen oder Aufträge zu erteilen. Auch andere Unternehmen profitieren.
Menschen haben mehr Geld, das sie ausgeben können.	

KOMPETENZ: Methode

Eine Wirkungskette erstellen

Wirtschaftspolitische Zusammenhänge sind oft schwer zu durchschauen. Eine Möglichkeit die Zusammenhänge zu verstehen, ist die Wirkungskette. Dazu werden immer eine Ursache und ihre direkte Wirkung in Verbindung zueinander gesetzt.

Verbinde dazu eine Ursache mit einer möglichen Folge durch einen Pfeil.	Der Staat senkt die Steuern für Unternehmen. ↓ Dann haben sie mehr Geld zur Verfügung ↓ ↓	
Es ist auch möglich, dass eine Ursache mehrere Wirkungen hat.	Das können sie nutzen, um Menschen einzustellen ↓	Das können sie nutzen, um selbst Aufträge zu erteilen. ↓
Die Folgen einer Maßnahme können dann auch wieder Ursache für eine weitere Entwicklung sein.	Die Menschen haben dann mehr Geld zur Verfügung, das sie ausgeben können. ↓	Andere Unternehmen profitieren ↓
Am Ende der Wirkungskette steht dann das Ziel, das eigentlich erreicht werden soll. Und du kannst genau erklären, wieso eine Maßnahme zu einem bestimmten Ziel führen soll.	Wirtschaftswachstum	

M16 Fragen an die Kandidaten

Wie wollen Sie das ganze Geld, das Sie ausgeben, wieder rein holen?

Warum sind Sie so sicher, dass die Unternehmen größere Gewinne tatsächlich investieren und nicht einfach behalten?

Warum sollten die Arbeitnehmer ihr Geld ausgeben und nicht sparen?

Wieso kümmern sie sich nur darum, dass es den Unternehmen gut geht und nicht den einfachen Arbeitnehmern?

WIRTSCHAFTSPOLITIK

Unter Wirtschaftspolitik versteht man alle Maßnahmen des Staates, mit denen die Wirtschaft gesteuert wird.

Dabei stehen sich zwei Ansätze gegenüber:

Bei einer **nachfrageorientierten Wirtschaftspolitik** übernimmt der Staat die Aufgabe, die wirtschaftliche Entwicklung zu stabilisieren. Dazu sorgt er in Zeiten eines wirtschaftlichen Abschwungs oder einer Krise durch Investitionen selbst für die fehlende Nachfrage. Wenn es notwendig ist, nimmt er dazu auch Kredite auf.

Die **angebotsorientierte Wirtschaftspolitik** stellt dagegen die Gewinnerwartungen der Unternehmen in den Mittelpunkt. Nur wenn Unternehmen auch davon ausgehen, dass sie Gewinne machen, werden sie wirtschaftlich aktiv werden. Eine erfolgreiche Wirtschaftspolitik zeichnet sich dann dadurch aus, dass der Staat den Unternehmen möglichst viele Freiheiten lässt.

AUFGABEN

1. Erstelle eine Wirkungskette, um zu erklären, wieso staatliche Bauaufträge zu Wirtschaftswachstum führen. Bringe die Kärtchen in **M15** dafür in die richtige Reihenfolge.
2. Ordne zu, ob die in **M16** formulierten Fragen eher Frau Günter oder Herrn Binder gestellt werden müssten.
3. Begründe, welcher der Kandidaten eine angebots- und welcher eine nachfrageorientierte Wirtschaftspolitik vertritt (**#Wirtschaftspolitik**).

F zu Aufgabe 1
Erstelle eine Wirkungskette für folgende Vorschläge der Kandidaten:
Frau Günter: „Weniger Umweltschutzauflagen“
Herr Binder: „Kaufprämien für Neuwagen“

F zu Aufgabe 2
Führt in Dreiergruppen ein Rollengespräch durch. Besetzt dazu die Rollen von Frau Günter, Herrn Binder und einem Journalisten, der das Gespräch moderiert und den Kandidaten die Fragen aus **M16** stellt.

Gefühlt wird alles teurer?

Jeder kennt das Gefühl, dass der Preis für eine Kugel Eis jeden Sommer höher ist als im Vorjahr. Gleichzeitig schimpfen die heutigen Rentner regelmäßig über steigende Preise. Gefühlt steigen die Preise immer weiter an. Aber wird wirklich alles immer teurer?

M17 Lebensbedingungen – Beispiele

Ludwig Koreck arbeitet bei einer großen Spedition. Seit Jahren hat er keine Gehaltserhöhung mehr bekommen. Trotzdem ist er mit seiner Arbeit sehr zufrieden.

Berat Yörük spart bereits seit mehreren Jahren auf einen teuren Sportwagen. Nachdem seine Sparguthabenszinsen stetig sinken, fragt er sich, wann er sein Sparziel endlich erreichen wird.

Beate Droshoff hat schon vor vielen Jahren ihren Job verloren und bekommt seither Arbeitslosengeld II (Hartz IV). Sie freut sich, dass der Regelsatz auch dieses Jahr wieder erhöht wurde, wie auch bereits in den letzten Jahren.

Ivanka Tikhonova arbeitet bei einem großen Automobilhersteller am Fließband. Um eine Gehaltserhöhung braucht sie sich zum Glück nicht selbst kümmern, da die Gewerkschaft IG Metall regelmäßig neue Lohnverträge für sie und ihre Kollegen aushandelt.

Erklärfilm zu Inflation

Mediencode: 82202-07

INFLATION

Inflation ist die Bezeichnung für den Anstieg des allgemeinen Preisniveaus. Von jeder Geldeinheit kann man sich dann immer weniger Güter kaufen.

In Phasen des Wirtschaftswachstums, in denen der Konsum schneller zunimmt, als die Waren produziert werden können, steigen die Preise. Wenn Löhne und Gehälter nicht im gleichen Maße angepasst werden, kann man sich von seinem Geld immer weniger kaufen. Man spricht dann von einem Verlust der Kaufkraft. Den entgegengesetzte Trend, wenn der Wert des Geldes steigt, bezeichnet man als Deflation.

AUFGABEN

1. Erläutere, inwiefern die Personen in **M17** von Inflation betroffen sind (**#Inflation**).
2. Vergleiche, ausgehend von **M17**, welche Personengruppen in der Gesellschaft am stärksten von den Auswirkungen der Inflation betroffen sind.

H zu Aufgabe 1
Wie wirken sich steigende Preise für Güter auf das Leben der Personen aus? Vielleicht hilft es dir, die Methode Wirkungskette zu verwenden.

GRUNDWISSEN

WIRTSCHAFTSWACHSTUM UND WACHSTUMSPOLITIK

DIE LEISTUNGSFÄHIGKEIT EINER VOLKSWIRTSCHAFT MESSEN (M1-M4, M7-M10)

Wie es der Wirtschaft geht, wird daran gemessen, wie viel in einem Land im Laufe eines Jahres produziert und gekauft wird. Die Größe heißt Bruttoinlandsprodukt (BIP). Wenn das BIP größer als im Vorjahr ist, spricht man von Wirtschaftswachstum. Die Maßzahl des BIP bildet aber kein vollständiges Bild ab. Hausarbeit oder der Schaden an der Umwelt durch nicht nachhaltige Produktion, werden nicht berücksichtigt.

WIE SICH DIE WIRTSCHAFT ENTWICKELT BETRIFFT UNS (M5, M6, M11, M17)

Wie sich die Wirtschaft entwickelt, kann uns nicht egal sein. Wirtschaftswachstum hat viele positive Folgen: Wenn die Wirtschaft wächst, also sich im Aufschwung befindet, geben die Menschen mehr aus. Die Unternehmen nehmen mehr Geld ein und können die Löhne erhöhen. Man spricht dann von einem Boom. Menschen, die nicht am Arbeitsmarkt beteiligt sind, wie zum Beispiel Rentner oder Menschen auf Arbeitssuche, können dagegen nicht von einem Aufschwung profitieren. Aber auch für alle anderen sind die Preise irgendwann zu hoch. Daher beginnen sie ihr Geld zu sparen, wodurch es zu einem Abschwung kommt. Der Konsumrückgang wirkt sich auch auf die Unternehmen aus. Womöglich sind sie sogar gezwungen, Menschen zu entlassen. Die Volkswirtschaft befindet sich dann in einer Depression.

DIE REGIERUNG BEEINFLUSST DIE WIRTSCHAFTLICHE ENTWICKLUNG (M12-M16)

Um Wachstum zu ermöglichen, gibt es verschiedene Möglichkeiten. Beim angebotsorientierten Ansatz macht es der Staat für Unternehmen leichter, Gewinne zu erzielen. Dadurch können sie Menschen einstellen, die dann für ihr Einkommen Produkte kaufen. Bei einem nachfrageorientierten Ansatz steigert der Staat durch eigene Ausgaben die Nachfrage nach Gütern und Dienstleistungen. Daraufhin produzieren die Unternehmen wieder mehr und die wirtschaftliche Situation verbessert sich.

3.3 Wirtschaft ohne Grenzen

Grenzenlos unterwegs in Europa

M1 Bens Roadtrip nach Griechenland

1. Ben will sich ohne Reisepass auf einen Roadtrip von Nuorgam (Finnland) nach Kamari in Südgriechenland machen.
2. Zum Start in Nuorgam lädt er den Kofferraum mit getrocknetem Rentierfleisch voll. Das ist haltbar und er hat vor, es in alle neun Länder seiner Reise einzuführen.
3. In Dänemark reißt ihm die Windschutzscheibe. Zum Glück bietet ihm die Autoversicherung, bei der er in Deutschland Kunde ist, auch in Dänemark ihre Dienste an.
4. Kurz hinter Österreich bekommt er von dem Rentierfleisch Zahnschmerzen und muss zum Zahnarzt. Dank der europäischen Krankenversicherungskarte wird Ben problemlos behandelt. Trotzdem muss er einen Teil der Kosten zunächst selbst tragen und dem Zahnarzt eine größere Menge Geld überweisen.
5. Um seine Reisekasse wieder aufzufüllen, arbeitet er eine Weile in Rumänien.
6. Bei seiner Ankunft in Kamari gefällt es ihm dort so gut, dass er beschließt, dort zu bleiben und eine Taverne zu eröffnen.
7. Regelmäßig schickt Ben griechischen Wein nach Nuorgam, um seinen finnischen Freunden den Süden schmackhaft zu machen.

EUROPÄISCHE UNION

Die Europäische Union ist ein wirtschaftlicher und politischer Zusammenschluss zwischen 28 europäischen Staaten.

In der Europäischen Union haben sich seit 1952 28 europäische Staaten zusammengeschlossen. Ziel der EU ist es, durch eine enge wirtschaftliche und politische Zusammenarbeit, Frieden und Wohlstand in Europa zu sichern. So ist einer der größten und mächtigsten Wirtschaftsräume der Welt entstanden.

	EU	Deutschland	USA
Fläche	4.381.324 km²	357.376 km²	9.834.000 km²
Einwohner	511,8 Mio.	82,67 Mio.	323,1 Mio.
Bruttoinlandsprodukt (2016)	14,82 Billionen €	3,14 Billionen €	15,8 Billionen €
BIP pro Kopf (2016)	29.000 €	38.114 €	49.204 €

Stand 2016

M2 Der europäische Binnenmarkt

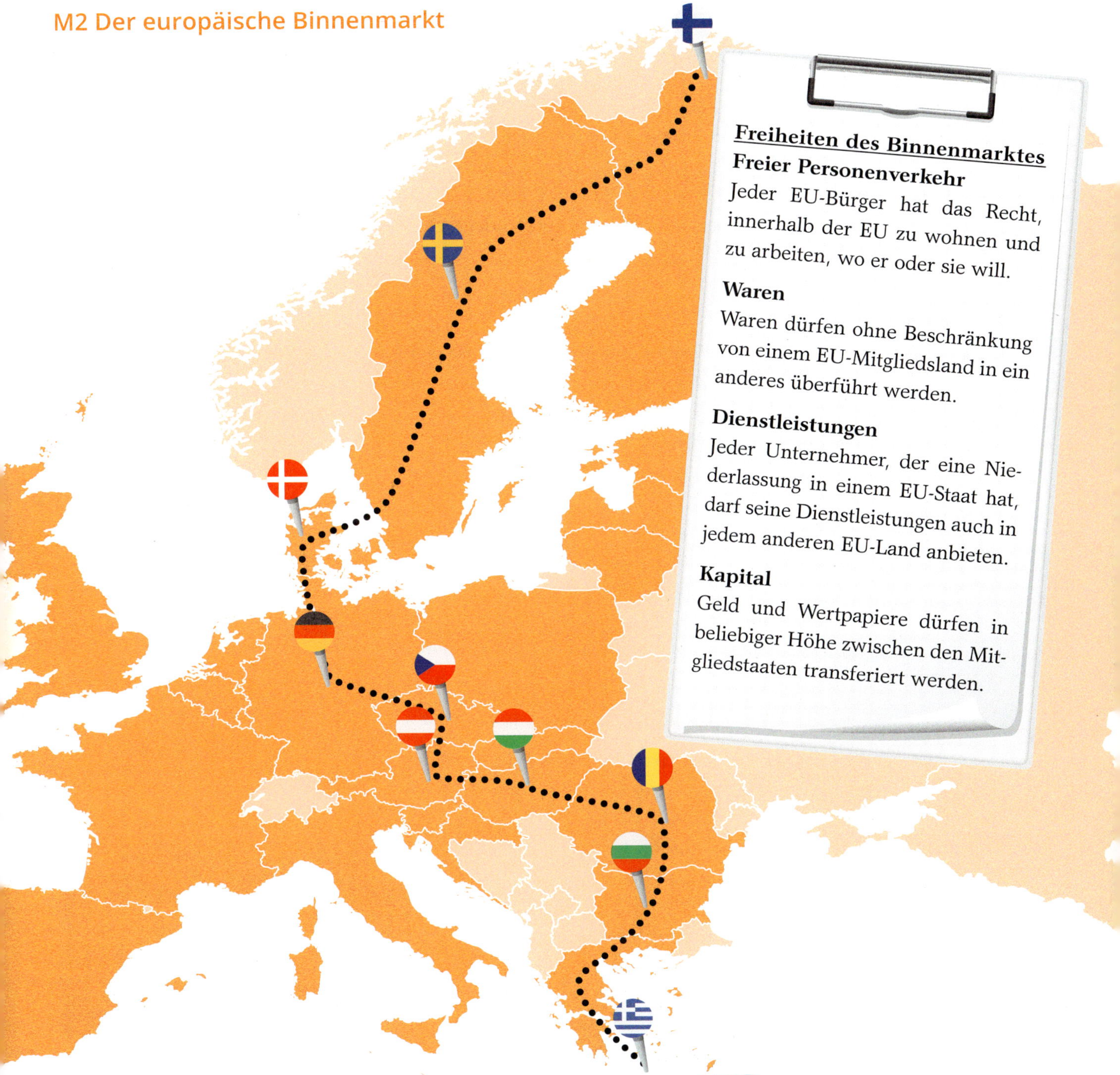

Freiheiten des Binnenmarktes

Freier Personenverkehr
Jeder EU-Bürger hat das Recht, innerhalb der EU zu wohnen und zu arbeiten, wo er oder sie will.

Waren
Waren dürfen ohne Beschränkung von einem EU-Mitgliedsland in ein anderes überführt werden.

Dienstleistungen
Jeder Unternehmer, der eine Niederlassung in einem EU-Staat hat, darf seine Dienstleistungen auch in jedem anderen EU-Land anbieten.

Kapital
Geld und Wertpapiere dürfen in beliebiger Höhe zwischen den Mitgliedstaaten transferiert werden.

AUFGABEN

1. Ordne jeder Station von Bens Roadtrip (**M1**) eine der vier Freiheiten des europäischen Binnenmarktes (**M2**) zu.
2. Gestalte einen eigenen Roadtrip durch die EU, bei dem du von den Regelungen des Binnenmarktes profitierst.

Sollen in Europa wieder nationale Grenzkontrollen eingeführt werden?

Bist du schon einmal in ein europäisches Land in den Urlaub gefahren oder geflogen? Dank der Freiheiten des Binnenmarktes kannst du in vielen europäischen Ländern mit der gleichen Währung zahlen wie zuhause. Die Ländergrenzen kannst du überqueren, ohne kontrolliert zu werden. Welche Konsequenzen ergeben sich daraus, Ländergrenzen zu kontrollieren oder nicht?

M3 In der Taverne

In deiner Taverne bekommst du mit, wie immer wieder Flüchtlinge aus dem arabischen Raum in Griechenland ankommen. Eines Abends kommt es zu folgendem Dialog.

Dimitrios: Hier kommen immer mehr Flüchtlinge an, ich habe keine Ahnung, wie Griechenland sie alle versorgen soll ...

Christos: Ich meine, wir sollen sie einfach weiter reisen lassen. Unser Wirt ist doch auch problemlos von Finnland bis zu uns gekommen. [vgl. M1]

M4 Grenzkontrollen am Öresund

Im Sommer 2015 steigt die Anzahl an Flüchtlingen, die in Schweden Asyl suchen, immer stärker an. Daher hat die schwedische Regierung beschlossen, trotz des europäischen Binnenmarktes, wieder Passkontrollen an den Grenzen durchführen zu lassen. Diese Entscheidung traf vor allem die Menschen in der Öresundregion. Hier sind die beiden Großstädte Malmö (Schweden) und Kopenhagen (Dänemark) durch die knapp 8km lange Öresundbrücke verbunden. Auch Ben ist bei seinem Roadtrip über die Brücke gefahren. Schließlich ist sie die einzige Verbindung nach Mitteleuropa, bei der man weder auf die Fähre angewiesen ist, noch die EU verlassen muss.

Öresundbrücke zwischen Malmö und Kopenhagen.

M5 Ein gefährliches Spiel

Die neuen Passkontrollen in Skandinavien schaden der europäischen Wirtschaft, warnt der schwedische Management-Experte Per Tryding.

DIE ZEIT: Herr Tryding, welche Folgen haben die neuen Kontrollen zwischen Dänemark und Schweden in der Grenzregion?

Per Tryding: Ich wohne in Malmö, fahre aber oft über den Öresund nach Kopenhagen, etwa um Partner unserer Handelskammer zu besuchen oder einfach um ins Restaurant oder ins Theater zu gehen. Die Kontrollen bewirken, dass jede Rückfahrt nach Schweden nun deutlich länger dauert. Vom Hauptbahnhof in Kopenhagen kann ich nicht mehr nach Malmö durchfahren, sondern muss am Flughafen auf der dänischen Seite aussteigen, mich kontrollieren lassen und in einen anderen Zug wieder einsteigen. Dazu kommt, dass weniger Züge fahren als vorher. […]

ZEIT: Welche Konsequenzen befürchten Sie?

Tryding: Die Pendler sind das Blut in der Know-how-Ökonomie Südschwedens. Während aus Schweden vor allem junge Menschen nach Kopenhagen pendeln, die in Servicejobs im Handel, im Tourismus oder in anderen Dienstleistungsfirmen arbeiten, kommen aus Kopenhagen viele Fachkräfte nach Malmö. Diese Spezialisten können sich ihre Jobs aussuchen – wenn sie auf Dauer länger unterwegs sind, werden sie sich vielleicht anderswo Arbeit suchen als in Schweden.

ZEIT: Wie sehr würde das die Wirtschaft treffen?

Tryding: Es würde die Entwicklung unserer Region sehr gefährden: Erst durch die Eröffnung der Öresundbrücke im Jahr 2000 ist sie von einer peripheren Region in Europa zu einer zentralen geworden, in der sich Unternehmen wie Ikea und Mercedes, aber auch eine ganze Reihe junger Technologiefirmen niedergelassen haben. […]

Interview: Jens Tönnesmann, DIE ZEIT, 28.1.2016

peripher
unwichtig, unbedeutend

Know-How-Ökonomie
Arbeitsumfeld, in dem besonders erfahrene und gut ausgebildete Fachkräfte arbeiten.

AUFGABEN

1. Formuliere eine Reaktion auf die Aussage deiner Gäste (**M3**).
2. Beschreibe das Problem, das in **M4** deutlich wird.
3. Stelle Chancen und Gefahren von Grenzkontrollen innerhalb des europäischen Binnenmarktes tabellarisch einander gegenüber (**M4**, **M5**).
4. Überarbeite deine Reaktion auf die Aussage der Gäste aus Aufgabe 1.

H zu Aufgabe 2
Welches Ziel wurde verfolgt? Welche Folgen sind eingetreten?

F zu Aufgabe 3
Unterscheide bei der Gegenüberstellung zwischen politischen und wirtschaftlichen Konsequenzen.

Mein Handy – mein Nutzen – meine Verantwortung?

Wahrscheinlich hast du ein Smartphone, das du in deinem Alltag häufig nutzt. Aber hast du eigentlich eine Vorstellung davon, woher dein Smartphone kommt und was daraus wird, wenn du es wegwirfst?

M6 Stationen im Leben eines Handys

Smartphones enthalten Rohstoffe aus bis zu 13 verschiedenen Ländern.

1. a) Tauscht euch über eure Handys aus: Was für Handys besitzt ihr? Welchen Nutzen habt ihr? Welche Kosten entstehen für euch?
   b) Übertragt die Tabelle aus der *-Station auf ein Plakat. Sammelt darin eure Ergebnisse (**M6**).
2. Erstellt gemeinsam eine Wandzeitung zur Frage „Mein Handy – meine Verantwortung"?
   a) Teilt die Stationen 1; 2; 3 und 4 untereinander auf.
   b) Bereitet Plakate vor, indem ihr die Überschrift der Station auf die Plakate schreibt. Bereitet außerdem eine Spalte vor, in der ihr Nachteile und Kosten für die Betroffenen aufnehmt. Nehmt in einer zweiten

***-Station:**
Unsere Perspektive:
Nutzung in Deutschland

Betroffener	Kosten	Nutzen
Ich		

Station 3:
Produktion in China (S. 139)

Station 2:
Rohstoffabbau im Kongo (S. 138)

AUFGABEN

Spalte die Begründungen auf, warum die Betroffenen bereit sind, die Kosten trotzdem zu tragen.

c) Bearbeitet in Kleingruppen die Arbeitsaufträge zu den entsprechenden Seiten.
d) Füllt die Spalten auf den Plakaten.
e) Stellt euch gegenseitig eure Plakate vor und berichtet von euren Ergebnissen.

3. Führt in der Klasse eine Diskussion durch: Welche Verantwortung für das Leben anderer Menschen, trage ich durch den Kauf eines Smartphones?

F zu Aufgabe 3
Versucht Lösungsmöglichkeiten zu finden, wie ihr die Situation für alle Beteiligten verbessern könntet.

Station 1: Handyentwicklung in den USA

Stelle dir vor, dir wird nach der Ausbildung ein Job im Silicon Valley angeboten. Würdest du den Job annehmen?

M7 Arbeiten im Silicon Valley

Das **Silicon Valley** liegt in den USA, südlich der Stadt San Francisco. Viele Technologieunternehmen wie Apple, Google oder Facebook haben dort ihren Sitz. Die Region ist seit den 1950er Jahren das globale Zentrum für die Computer- und Technologiebranche.

Die Technologiekonzerne im Silicon Valley verwöhnen ihre Mitarbeiter nach Strich und Faden. Das Hauptquartier von Google in Mountain View beispielsweise bietet eine Beachvolleyball-Anlage, sieben Fitnesscenter, eine Kletterwand, eine Kegelbahn und von Mitarbeitern gepflegte Gemüse- und Kräutergärten für die Köche, die in etwa 30 Restaurants kostenlos vor allem gesunde Kost zubereiten. Google-Mitarbeiter können zum Arzt gehen, zum Psychologen, Friseur, Masseur oder zum Pilates, in die Reinigung oder das Auto waschen und Öl wechseln lassen. Bei Facebook in Menlo Park wiederum muss die Belegschaft (Durchschnittsalter: 26) nicht immer in den Großraumbüros an langen Tischen arbeiten – schließlich hat der gesamte Campus W-Lan. An einem warmen Tag sitzen viele Mitarbeiter draußen auf Liegestühlen und Sesseln, die Laptops und iPads auf den Knien.

Nach: Helene Laube, www.spiegel.de, 4.5.2014

M8 Wann ist endlich wieder Montag?

All diese Annehmlichkeiten erleichtern unser Leben, so sind wir weniger abgelenkt. Wenn wir nicht daran denken müssen, dass wir täglich drei Stunden unproduktiv im Auto im Stau stehen oder dass wir am Abend noch die Wohnung reinigen sollten, sind wir entspannter und können uns mehr auf die Arbeit konzentrieren.

Mitarbeiterin des Softwareunternehmens Evernote

Es ist wichtig, dass [...] das Unternehmen wie eine Familie für [die Mitarbeiter] ist.
Larry Page – Vorstandschef der Google-Holding Alphabet

Die Konflikte zwischen der Arbeit und dem Privatleben sollen mit Angeboten wie alternativen Transportmöglichkeiten oder Mahlzeiten, die abends mit nach Hause genommen werden können, vermindert werden. Die Zusatzleistungen sollen die Produktivität und Kreativität erhöhen und werden als wichtiger Teil der langfristigen Zukunftsfähigkeit betrachtet.
Anne Weisberg – Arbeitsplatzexpertin

Es geht uns darum, dass die Mitarbeiter sich wohlfühlen, wir ihnen Alltagsstress abnehmen und sie sich beruflich und privat aufs Wesentliche konzentrieren können.
Janelle Gale – HR-Managerin bei Facebook

Jeder Aspekt meines Leben ist mit der Arbeit verbandelt, inklusive meines gesellschaftlichen Lebens und der Partnersuche. Jeder hier denkt, dass er die Welt revolutioniert, und diese Denke nimmt bei vielen das ganze Spektrum ein, über was anderes wird kaum geredet. [Meine Nicht-Google-Freunde] haben mich schon gar nicht mehr gefragt, ob ich mit zum Essen gehe. Sie wussten, dass ich abends satt oder mit einem von den Google-Köchen zubereiteten Essen aus dem Google-Bus steige.
anonymer Ex-Googler

Nach: Helene Laube, www.spiegel.de, 4.5.2014

AUFGABEN

1. Kannst du dir vorstellen, einen Job im Silicon-Valley anzunehmen? Verschaffe dir einen vorläufigen Überblick mit Hilfe von **M7**.
2. Teilt euch in drei Gruppen:

   Gruppe 1: Tauscht euch über eure Überlegungen aus Aufgabe 1 aus und trefft eine vorläufige Entscheidung.

   Gruppe 2: Lest die Aussagen aus **M8**. Sammelt daraus Argumente für die Annahme des Jobs.

   Gruppe 3: Lest die Aussagen aus **M8**. Sammelt daraus Argumente gegen die Annahme des Jobs.
3. Tauscht eure Ergebnisse aus und trefft eine Entscheidung.
4. Beschreibt die Auswirkungen davon, dass „alte Freunde, die nicht bei Google arbeiten, mich bald nicht mehr gefragt haben, ob ich mit zum Essen gehe."
5. Bearbeitet gemeinsam Arbeitsauftrag 2d der Stationenübersicht.

Station 2: Rohstoffgewinnung im Kongo

M9 Die Quelle der Rohstoffe

Kinderarbeit in Afrika zur Rohstoffgewinnung für Smartphones.

Erzmine
Erze sind Steine, die Metalle enthalten. Sie werden in **Minen** / Bergwerken abgebaut.

Uwe Näher
arbeitet bei der Bundesanstalt für Geowissenschaften und Rohstoffe. Er schreibt genau auf, woher die Rohstoffe kommen.

Schürfer
sind Personen, die in den Minen nach Erz suchen.

Wie ein Wurm kriecht Simon* ins Innere der Erde, schiebt sich bäuchlings über nassen Lehm und kantigen Granit, durch einen Stollen, so eng, dass er sich nicht umdrehen, kaum Luft holen kann. [...] Als kleiner Junge wollte er Tänzer werden, doch mit 14 Jahren war seine Kindheit vorbei, denn er musste sich allein nach Nyabibwe durchschlagen, zu einer der größten Erzminen in der Provinz Südkivu im Ostkongo. „Meine Eltern wurden im Krieg erschossen", keucht Simon. „Ich hatte Hunger. Was sollte ich tun?"

Hunderttausende von Arbeitern wühlen sich in solchen Stollen durch entlegene Bergregionen und Urwälder im Kongo. Es sind entwaffnete Rebellen, entflohene Häftlinge, Deserteure, Räuber, Mörder, Verzweifelte. In bis zu 70 Metern Tiefe graben sie mit [einfachen] Werkzeugen nach kostbaren Erzen, ohne die unser Leben in der modernen Welt kaum vorstellbar wäre: Kassiterit und Coltan. Bis zu 60 Tonnen im Monat schlagen die Schürfer allein aus dem Berg von Nyabibwe. Erze, die in Handys und Laptops verarbeitet werden, in Digitalkameras, Flachbildschirmen und Spielkonsolen. [...]

Hunderte werden in den Minen des Kongos jedes Jahr lebendig begraben oder ersticken in den Abgasen dieselbetriebener Wasserpumpen. Mit dem Ertrag ihrer Plackerei finanzieren bewaffnete Gruppen einen Krieg, der seit 15 Jahren wütet, mit Millionen von Toten. Menschenrechtsorganisationen fordern ein Handelsverbot für die „Blutmineralien". Doch Experten warnen: Ein Boykott werde das Land noch tiefer in die Gewalt treiben. Eine scheinbar ausweglose Situation. „Die Lösung ist ganz einfach", sagt Uwe Näher hinter seinem Schreibtisch in der ostkongolesischen Provinzhauptstadt Bukavu. „Wir müssen den Weg des Erzes transparent gestalten – vom Stollen bis in die Hand des Verbrauchers."

**Name von der Redaktion geändert*
Michael Obert, ZEIT MAGAZIN, 5.1.2011

AUFGABEN

1. Stellt Ursache und Folgen des in **M9** beschriebenen Problems dar.
2. Erklärt, warum Uwe Näher (**M9**) davon ausgeht, Transparenz würde das Problem lösen.
3. Begründet, warum trotz der harten Arbeit so viele Menschen im Kongo in Erzminen arbeiten.
4. Bearbeitet gemeinsam Arbeitsauftrag 2d der Stationenübersicht.

Station 3: Produktion in China

M10 Berichte chinesischer IT-Arbeiterinnen

a) Arbeitsbedingungen bei Foxconn

Im Laufe der vergangenen Jahre sorgten die Zustände in einem der großen Lieferunternehmen für Komponenten von Mobiltelefonen, in dem auch Endgeräte gefertigt werden, für Schlagzeilen: In chinesischen Produktionsstätten des taiwanesischen Herstellers Foxconn unternahmen binnen zwei Jahren mindestens 18 Beschäftigte Selbstmordversuche, wobei die meisten sich umbrachten, indem sie vom Dach der Produktionshalle sprangen. Darüber hinaus häuften sich Berichte über sehr niedrige Löhne, schlechte Arbeitsbedingungen, großen Druck auf die Beschäftigten, unmenschliche Behandlung durch Vorgesetzte und äußerst schlechte Unterbringung von Wanderarbeiterinnen und Wanderarbeitern in Massenunterkünften.

Arbeiterinnen von Foxconn beim Zusammenbau von Leiterplatten.

Friedel Hütz-Adams, Apple in der Kritik, in: Von der Mine bis zum Konsumenten Die Wertschöpfungskette von Mobiltelefonen, südwind – Institut für Ökonomie und Ökumene, S. 13

b) Li Jianguo, 26, aus der Provinz Hunan

„ArbeiterInnen hier kündigen oft nach zwei Monaten", sagt Li, „Leute kündigen die ganze Zeit weil das Gehalt zu niedrig ist und die Arbeit zu hart und ermüdend."
Er baut nun seit zwei Monaten Leiterplatten in der MSI-Fabrik zusammen und träumt bereits davon, was er nachher machen möchte: „Ich möchte den Führerschein machen und im Transportwesen arbeiten. Jetzt verdiene ich 2.500 bis 3.000 CNY (306 bis 368 EUR) pro Monat, wobei ich zwölf Stunden täglich, sechs Tage pro Woche arbeite. Es ist einfach zu wenig." Doch er wird vorerst nicht kündigen.

Sophie Stracke et al., http://www.weed-online.org, 05.11.2013

Komponenten
einzelne Bestandteile

Massenunterkünfte
Schlaf- und Wohnräume, die von sehr vielen Menschen bewohnt werden

Leiterplatte
Träger für elektronische Bauteile

MSI/Micro-Star International
Firma, die Computer Hardware herstellt

AUFGABEN

1. Nennt Belastungen für die Arbeiterinnen aus **M10**.
2. Begründet, warum Li Jianguo „vorerst nicht kündigen" wird (**M10b**).
3. Bearbeitet gemeinsam Arbeitsauftrag 2d der Stationenübersicht.

Station 4: Entsorgung in Ghana

M11 Dem Elektroschrott auf der Spur

Kai Löffelbein
ist Fotojournalist und mit seiner Kamera auf der Suche nach deutschem Elektroschrott.

Trophäe
Auszeichnung, Siegespreis

Nach Schätzung der Vereinten Nationen produzieren die Deutschen jedes Jahr zwei Millionen Tonnen Elektroschrott. Nur 700.000 Tonnen gelangen jedes Jahr in das bundesweite Recyclingsystem. Was mit den restlichen 1,3 Millionen Tonnen passiert, weiß niemand so genau. Ein Großteil davon verschwindet offenbar nach Afrika. Mitten in Accra, der Hauptstadt von Ghana, werden bis heute deutsche Computer recycelt, obwohl die Ausfuhr von Elektroschrott nach EU-Bestimmung streng verboten ist. Die Werkzeuge der Recycler: Eisenstangen und Feuerzeuge. Kai Löffelbein erzählt von einem Jungen, der einen Fernseher wie eine Trophäe bei sich trug und ihn dann auf dem Boden zerschlug, um das Gehäuse auseinander zu knacken, um an die im Fernseher befindlichen Metalle zu gelangen. Für die Menschen auf den Elektroschrotthalden eine gefährliche Angelegenheit, denn beim "Recycling" werden [...] Giftstoffe wie Arsen, Blei oder Kadmium freigesetzt, die einen unsichtbaren Nebel über der Schrotthalde bilden.
Obwohl er um die Gefahr für seine Gesundheit wisse und jeden Morgen mit verquollenen Augen aufwache, verrät der Junge Löffelbein, wolle er so weitermachen. Schließlich könne er nicht riskieren, dass ein anderer seine Kabel klaue. Löffelbein wird klar: Für die Suchenden ist jedes Metall ein Schatz.

Carolyn Braun et al., Wo landen unsere Schrottfernseher?, ww.daserste.ndr.de, 23.7.2014
Dennis Wagner, Von Europa in die Dritte Welt, www.daserste.de, 26.2.2018

1.

Abholung alter Geräte

2.

Stichprobe am Zoll in Hamburg

3.

Ankunft des Elektroschrotts in Tema (Ghana)

4.

Entladen des Elektroschrotts in Accra (Ghana)

5.

Reparatur und Verkauf

6.

Wenn das Plastik weg geschmolzen ist, kann man das Metall verkaufen.

AUFGABEN

1. Beschreibt den Weg, den nicht recycelter Elektroschrott aus Deutschland geht (**M11**).
2. Begründet, warum für Suchende auf den Deponien in Ghana „jedes Metall ein Schatz" ist (**M11**).
3. Bearbeitet gemeinsam Arbeitsauftrag 2d der Stationenübersicht.

Fairphone
Das Fairphone ist ein Smartphone, bei dessen Produktion besondere Vorgaben gelten. So soll verhindert werden, dass Menschen ausgebeutet werden oder die Umwelt übermäßig geschädigt wird.

Erklärfilm zu Globalisierung

Mediencode: 82202-08

Mein Handy – meine Verantwortung?

Auf den vorherigen Seiten hast du gelernt, wie viele Stationen ein Handy durchläuft, bis du es im Laden kaufen kannst. Mit deiner Kaufentscheidung macht also nicht nur das Geschäft, indem du es kaufst, Gewinn. Haben wir deshalb beim Kauf globaler Produkte eine Verantwortung für Menschen in den Produktionsländern?

M12 Durch meine Nutzung eines Smartphones …

Durch meine Nutzung eines Smartphones trage ich keine Verantwortung für Ereignisse in anderen Teilen der Welt.	Durch meine Nutzung eines Smartphones trage ich Verantwortung für Ereignisse in anderen Teilen der Welt.
Der Grund dafür ist …	Der Grund dafür ist …
Daher …	Daher …

… achte ich auf die fachgerechte Entsorgung meiner alten Geräte.

… muss ich nichts Besonderes tun.

… spreche ich mit Freunden und Bekannten über das Thema.

… denke ich beim nächsten Handykauf über ein Fairphone nach.

… verzichte ich auf die Nutzung eines Smartphones.

… versuche ich mein Smartphone nur zu ersetzen, wenn es wirklich kaputt ist.

…

AUFGABEN

1. Positioniere dich zu den Aussagen in **M12**. Welche Maßnahmen sind dir persönlich am Wichtigsten?
2. Formuliere einen eigenen Text nach dem in **M12** vorgestellten Raster. Nutzte dazu für dich passende Handlungsoptionen.
3. Führt in der Klasse eine Punktabfrage zu den einzelnen Handlungsoptionen durch.

GRUNDWISSEN

WIRTSCHAFT OHNE GRENZEN

INNERHALB DER EUROPÄISCHEN UNION DARFST DU DICH FREI BEWEGEN (M1-M5)

Die Mitgliedsländer der Europäischen Union arbeiten wirtschaftlich besonders eng zusammen. Damit das gut gelingt, haben sie einen gemeinsamen Binnenmarkt geschaffen. Das bedeutet, dass alle EU-Bürger arbeiten können, wo sie wollen (freier Personenverkehr) oder Waren ungehindert von einem Land in ein anderes überführt werden können. Auch Dienstleistungen und Geld können innerhalb der EU frei angeboten und überwiesen werden.
Diese Freiheiten stellen die EU-Mitglieder vor besondere Herausforderungen. Da innerhalb der EU so viel Freiheit herrscht, ist es für die Nationalstaaten schwieriger, Probleme alleine zu lösen. Daher wünschen sich manche Menschen, dass Freiheiten wieder eingeschränkt werden.

DEINE ENTSCHEIDUNGEN HABEN AUSWIRKUNGEN AUF DIE GANZE WELT (M6-M12)

Wir leben heute in einer globalisierten Welt, in der an der Produktion von vielen Gütern Menschen auf der ganzen Welt beteiligt sind. So werden zum Beispiel Kleider oder Handys nicht in Deutschland produziert und auch die Rohstoffe kommen aus anderen Teilen der Welt. Die Produkte in verschiedenen Ländern der Welt zu produzieren, schafft neue, hochwertige Produkte und lässt Arbeitsplätze auf der ganzen Welt entstehen. Gleichzeitig gibt es bei diesem Prozess aber auch Verlierer, für die große Nachteile entstehen. Damit die Produkte für uns günstiger werden, werden natürliche Ressourcen oder Arbeitskräfte in anderen Ländern oft ausgebeutet. Daher sollten wir bei unseren Kaufentscheidungen auch mit bedenken, was sie für Mensch und Umwelt in den Produktionsländern bedeuten und ob wir es verantworten können, das betreffende Produkt zu kaufen.

SELBSTEINSCHÄTZUNG

In diesem Kapitel hast du dich damit beschäftigt, wie wirtschaftliche Entscheidungen zusammen hängen. Wie gut kennst du dich jetzt aus?

Ich kann …	Das klappt schon …	Hier kann ich noch üben …
… die freie Marktwirtschaft und die Zentralverwaltungswirtschaft mit einander vergleichen.		Kapitel 3.1: M1-M4
… die Soziale Marktwirtschaft als gemischte Wirtschaftsordnung beschreiben.		Kapitel 3.1: M5-M8
… beurteilen, ob Vermögen über eine Erbschaftssteuer umverteilt werden soll.		Kapitel 3.1: M13-M16
… Möglichkeiten vergleichen, mich in wirtschaftspolitische Entscheidungen einzubringen.		Kapitel 3.1: M17-M19
… erläutern, was ein Aufschwung für die verschiedenen Akteure bedeutet.		Kapitel 3.2: M5-M6
… mit Hilfe einer Wirkungskette darstellen, wie der Staat die Wirtschaft aus einer Krise holen kann.		Kapitel 3.2: M14-M15, Methode Wirkungskette
… die Freizügigkeit als Element des europäischen Binnenmarktes erläutern.		Kapitel 3.3: M1-M5
… erläutern, warum ich beim Kauf eines Handys auch für andere eine Verantwortung habe.		Kapitel 3.3: M6-M14

TRAINING

Material: Die von euch im „Gemeinsam aktiv" gestalteten Spielkarten oder eines der Länder aus M1 (Kap 3.1), eine der beiden Positionen aus M14 (Kap 3.2)

Aufgabe 1 – Bereitet das Spiel vor

a) Übernehmt die folgende Ländertabelle auf ein Protokollblatt.

	Runde 1		Runde 2		Runde 3		Runde 4	
Ziel [Land]	Phase 1	Phase 2	Phase 1	Phase 2	Phase 1	Phase 2	Phase 1	Phase 2
Wohlstand								
Preisstabilität								

b) Gestaltet für jeden der Akteure eine Übersicht über seinen Wohlstand.

	Runde 1		Runde 2		Runde 3		Runde 4	
Ziel [Akteur]	Phase 1	Phase 2	Phase 1	Phase 2	Phase 1	Phase 2	Phase 1	Phase 2
Wohlstand								

c) Legt die Länderkarte so, dass alle Mitspieler sie einsehen können

d) Legt alle Ereigniskarten verdeckt neben die Länderkarte.

e) Verteilt die Rollenkarten.

Aufgabe 2 – So wird gespielt

Das Spiel geht über mehrere Runden, jede Runde teilt sich in zwei Spielphasen:
Phase 1: Zieht eine Ereigniskarte.
Jeder Spieler trägt in seiner Rollenkarte ein, ob sein persönlicher Wohlstand durch das Ereignis steigt (↑), sinkt (↓) oder unverändert bleibt (→). Habt dabei **M5-M6** in **Kapitel 3.2** im Blick.
Diskutiert die Folgen des Ereignisses für euer Land. Notiert auch hier die entsprechenden Pfeile in eurer Ländertabelle.

Phase 2: Die Spieler, die durch ihre Rollen Handlungsoptionen haben, können überlegen, wie sie auf das Ereignis reagieren wollen. Vor allem der Staat kann sich hierbei in **Kapitel 3.2** an **M15** und der **Methode Wirkungskette** orientieren.
Mögliche Handlungen werden allen Mitspielern bekannt gegeben.
Wie in Phase 1 überlegt jeder Spieler, wie sich die Handlung auf die eigene Situation auswirkt und hält das Ergebnis mit Pfeilen in seiner Tabelle fest. Die Auswirkungen auf den Staat werden wieder gemeinsam besprochen und festgehalten.

Aufgabe 3 – Das Spiel auswerten

Am Ende des Spieles lässt sich anhand der Pfeile erkennen, inwieweit es dem Land und den einzelnen Akteuren besser geht als zu Beginn des Spieles.
Diskutiert, was das Ergebnis positiv oder negativ beeinflusst hat.

a) die Wirtschaftsordnung

b) das Verhalten der einzelnen Akteure

Urteilsbildung II: Wie treffe ich eine wirtschaftliche Entscheidung?

Mediencode: 82202-09

ERLÄUTERUNGEN ZU OPERATOREN

Operatoren für die gesellschaftswissenschaftlichen Fächer (2016)

Hinweis: Die Anforderungsbereiche sind wechselseitig abhängig. Demzufolge schließt der Anforderungsbereich III die Anforderungsbereiche I und II, der Anforderungsbereich II den Anforderungsbereich I ein. Innerhalb der Anforderungsbereiche haben wir die Operatoren nach ansteigendem Schwierigkeitsgrad angeordnet.

Anforderungsbereich I: Reproduktion
(Wiedergeben und Beschreiben)

Arbeitsanweisung in der Aufgabe	Was ist genau zu tun?	Was dir zusätzlich helfen kann
nennen	Du zählst knapp die gefragten Informationen oder Begriffe auf	Wenn es Stichworte sein sollen, dann kann es sinnvoll sein, deiner Antwort eine Struktur zu geben: 1. ..., 2. ..., 3. .... usw.
beschreiben	Du gibst die wichtigsten Merkmale in ganzen Sätzen und eigenen Worten wieder. Das kann aus eigenem Wissen oder mithilfe von Bildern, Karikaturen, Statistiken... erfolgen.	Bei Bildern, Karikaturen, Grafiken kannst du folgende Formulierungen verwenden: *„Hier ist abgebildet ...“ – „Hier sehe ich ...“*
bezeichnen	Dieser Operator wird in erster Linie in der Geografie verwendet. Du drückst wichtige Sachverhalte in eigenen Worten aus, die dir z. B. in einer Karte, einer Tabelle oder einem Schaubild aufgefallen sind.	Achte darauf, möglichst exakt auf den Punkt zu bringen, was dir aufgefallen ist und dabei die entsprechenden Fachbegriffe zu verwenden. Dabei hilft dir z. B.die Legende einer Karte.

Anforderungsbereich II: Reorganisation und Transfer
(selbstständiges Erklären, Einordnen und Anwenden)

Arbeitsanweisung in der Aufgabe	Was ist genau zu tun?	Was dir zusätzlich helfen kann
herausarbeiten	Du „filterst“ aus einem Material unter bestimmten Gesichtspunkten die entsprechenden Informationen heraus.	Achte darauf, welche Gesichtspunkte in der Aufgabenstellung genannt werden. Vermeide eine reine Inhaltswiedergabe. Gib bei Texten die Zeilen an, auf die du dich beziehst.
charakterisieren	Du findest heraus, worin die charakteristischen Merkmale bestehen und beschreibst das besonders Auffällige.	Du nennst die Merkmale und fasst die wichtigsten Auffälligkeiten zusammen. Verwende Belege.

Arbeitsanweisung in der Aufgabe	Was ist genau zu tun?	Was dir zusätzlich helfen kann
erstellen	Du zeigst Zusammenhänge auf – oft mit einer Skizze oder einer Zeichnung.	Hierfür kannst du z. B. Pfeile, Tabellen oder eine Mindmap verwenden.
darstellen	Du zeigst Zusammenhänge auf. In der Regel schreibst du dazu einen eigenen, gegliederten Text oder entwirfst ein Schaubild.	Damit dein Aufschrieb oder dein Schaubild nicht ein Durcheinander von Sätzen oder Pfeilen wird, kann vorher eine Stichwortsammlung bzw. ein erster Gliederungsentwurf hilfreich sein.
analysieren	Du wertest Materialien systematisch aus.	Es reicht nicht, alle Besonderheiten und Auffälligkeiten aufzuzählen, du musst diese auch sortieren und auswerten, indem du diese in Zusammenhang setzt.
ein-, zuordnen	Du stellst etwas in einen Zusammenhang, der dir durch die weitere Aufgabenstellung vorgegeben wird.	Achte darauf, auch zu erklären, warum das eine zum anderen passt. Als Vorarbeit kann es wichtig sein, zunächst zu beschreiben, was ein- oder zugeordnet werden soll.
begründen	Du untermauerst eine Aussage mit Gründen.	Formulierungen, die du verwenden kannst: *„Dafür spricht …" – „Ein Grund dafür ist …"*
erklären	Du gibst auf der Basis deines Wissens eine Antwort.	Hier sollst du die Gründe für etwas oder die Zusammenhänge von etwas aufzeigen. So kannst du eine Antwort auf die Frage geben, warum etwas so ist oder war. Formulierungen, die du verwenden kannst: *„weil …"; „deshalb …"; „daher …"; „dadurch …"*
erläutern	Du erklärst, warum etwas so ist, und nennst dabei Beispiele oder Belege.	Die hier besonders wichtigen Beispiele und Belege sollen deine Erklärung veranschaulichen, also verständlich machen, warum etwas so ist. Formulierungen, die du verwenden kannst: *„Dies zeigt sich daran, dass …" – „Dies wird belegt durch …"*
vergleichen	Du arbeitest bestimmte Gesichtspunkte heraus (vgl. Operator herausarbeiten) und suchst nach Gemeinsamkeiten und Unterschieden, die du gewichtest. Am Schluss formulierst du ein Ergebnis.	Hier kann eine dreispaltige Tabelle hilfreich sein: Spalte 1: Merkmal, das du vergleichen möchtest Spalte 2: Material 1 Spalte 3: Material 2 Achte darauf, dass auch die Nennung von Unterschieden zu einem Vergleich gehört. Unterstreiche mit zwei verschiedenen Farben jeweils die Gemeinsamkeiten und Unterschiede.

Anforderungsbereich III: Reflexion und Problemlösung
(Umgang mit Urteilen und Abwägen von Handlungsmöglichkeiten)

Arbeitsanweisung in der Aufgabe	Was ist genau zu tun?	Was dir zusätzlich helfen kann
überprüfen	Du untersuchst, ob eine Aussage stimmig ist, und formulierst ein Ergebnis deiner Überlegungen.	Überlege dir, ob die Aussage Sinn macht, oder ob nicht. Du musst nicht abwägen, sondern kannst dich für eine Richtung entscheiden. Achte bei deiner Begründung auf die Kriterien.
beurteilen	Du nimmst Stellung zu einer Aussage von anderen oder einem Sachverhalt. Dabei geht es darum herauszufinden, ob diese Aussage überzeugend – also logisch und in sich stimmig – ist. Gib dabei die Gründe für dein Urteil an.	Nenne die Kriterien, mit denen du die Stimmigkeit überprüfst. Formulierungen, die du verwenden kannst: *„Ich halte die Aussage für überzeugend, weil …“* – *„Weniger / nicht überzeugend ist, dass …“*
bewerten	Auch hier geht es darum, Stellung zu beziehen. Allerdings kannst und sollst du hier stärker das einbeziehen, was dir persönlich oder unserer Zeit heute wichtig ist.	Nenne die Kriterien, mit denen du die Stimmigkeit überprüft hast und achte darauf, dass du deine dir wichtigen Werte und die damit verbundenen Vorstellungen begründet zum Ausdruck bringst: Formulierungen, die du verwenden kannst: *„Ich halte das für richtig (bzw. falsch), weil …“* – *„Damit habe ich Schwierigkeiten, weil …“* – *„Die Menschen heute sehen das anders, da …“* - *„Mir ist besonders folgender Wert wichtig …“* – *„und deshalb …“*
erörtern	Dir wird ein Problem vorgegeben. Wie auf einer zweischaligen Waage kannst du das Problem abwägen. Lege die Gründe dafür in die eine Schale, die Gründe dagegen in die andere. Am Ende kommst du zu einem Ergebnis deiner Abwägung. Dabei hilft wieder der Blick auf die Waage: In welcher Waagschale finden sich die gewichtigeren Gründe?	Formulierungen, die du verwenden kannst: *„Dafür spricht …“* – *„Dagegen spricht …“* – *„Insgesamt komme ich zu der Einschätzung, dass …“*
entwickeln	Du suchst nach einem Lösungsansatz für ein Problem.	Achte darauf, dass sich dein Lösungsansatz mit Gründen oder Belegen aus den vorgegebenen Materialien untermauern lässt.
gestalten	Du stellst etwas her oder entwirfst etwas, zum Beispiel eine Rede, ein Streitgespräch zwischen zwei Personen.	Dabei ist besonders deine Kreativität gefragt. Achte aber darauf, die Aufgabenstellung im Blick zu behalten. Beachte ebenfalls: Wen willst du ansprechen? Was willst du mit deinem Produkt erreichen?

METHODENGLOSSAR

Sprechblasentext

Ziel: Unterschiedliche Ansicht nachvollziehen lernen

Orte im Unterricht: Einstieg in ein Thema zur Prüfung des Vorwissens; Evaluation am Ende einer Einheit

Ablauf: Beschreibe zunächst, was auf dem Bild zu sehen ist.
Frage dich: „Wie sieht die abgebildete Person das Problem / das Thema / die Situation?" – Eine einfache Methode, um diese Frage zu beantworten und sich damit in die Person hineinzuversetzen, sind Sprechblasen-Texte. Du zeichnest zu einer Person in das Bild eine Sprech- oder Gedankenblase und schreibst hinein, was dieser Person gerade durch den Kopf geht oder was sie in dem Moment sagen könnte.
Wenn es sich um ein Bild handelt, auf dem Gegner dargestellt sind, kannst du auf diese Weise unterschiedliche Ansichten direkt gegenüberstellen und kontrastieren.
Wenn ihr eure Ergebnisse in der Klasse vergleicht, werdet ihr sicher eine interessante Diskussion über unterschiedliche Meinungen und Motive führen können.

Unbedingt beachten: Zunächst wird die Methode so durchgeführt, dass du die Sprechblasen zeichnest und direkt mit dem Bild verknüpfst. Im Laufe der Zeit wird dir schneller einfallen, was sich die Personen denken können. Dann reichen dir vielleicht schon Stichpunkte unter dem Bild.

Nach: Lothar Scholz, Methoden-Kiste, Bundeszentrale für politische Bildung (Hg.), Bonn 2012, S. 33

Positionierung im Raum, Meinungslinie

Ziele: Festlegung auf eine eindeutige eigene Position; Ermittlung eines Urteilsbildes der Gesamtgruppe; ggf. Erhebung von Vorausurteilen (Meinungslinie)

Orte im Unterricht: abschließende, kriteriengeleitete Urteilsbildung; ggf. Einleitung der Urteilsbildung

Ablauf: Der Unterrichtsraum wird durch eine Linie (z. B. mit Krepp-Band markiert) durchschnitten. Nach einer Vorbereitungszeit positionieren sich alle Teilnehmer gemäß ihres eigenen Urteils auf der Linie. Einzelne Teilnehmer werden aufgefordert, ihre Meinung mit ihrem Hauptargument zu begründen.

Unbedingt beachten: Alle Teilnehmer müssen sich gleichzeitig positionieren. Alle Positionen im Raum sind zugelassen. Ein Meinungswechsel und eine Diskussion sind während der Positionierung im Raum nicht mehr vorgesehen. Die Raumaufteilung sollte im Vorfeld visuell verdeutlicht werden.

Zustimmung gering	mittel	**Zustimmung** hoch

Rollenspiele

Ziel: Hineinversetzen in andere Perspektiven und Ansichten; Verbesserung des situativen Handelns

Orte im Unterricht: Vertiefung eines Themas; Veranschaulichung verschiedener Perspektiven

Ablauf:

1. Vorbereitung
- Beschreibung der Situation.
- Rollenverteilung: Wer spielt welche Rolle?
- Spieler bereiten sich auf ihre Rollen vor, Beobachter notieren ihre Erwartungen an das Rollenspiel

2. Durchführung
- Die Situation wird ohne Unterbrechung durchgespielt
- Wichtig: die Spieler verhalten sich entsprechend ihrer Rolle.
- Beobachtungsaufträge: Was war gut, was weniger gut? Haben die Spieler ihre Rollen glaubwürdig gespielt? Haben sie sich entsprechend ihrer Rolle verhalten?

3. Abstand von der Rolle
- Spieler sprechen nacheinander über ihre Einstellungen und Gefühle im Rollenspiel.
- Spieler verlassen ihre Rolle und analysieren ihr Verhalten und die Gründe dafür.

4. Auswertung
- Auswertung der Beobachtungsaufträge
- Verallgemeinerung: Kann man die Spielsituation verallgemeinern?
- Nutzen des Rollenspiels: Welche Verhaltensweisen aus dem Spiel können in vergleichbaren Situationen angewendet werden?
- Auswertung des Rollenspiels: Was könnte das nächste Mal besser gemacht werden?

Unbedingt beachten: Die Spieler sollen sich bewusst von ihren eigenen Verhaltensweisen lösen. Vergleicht nach dem Rollenspiel, warum euch eine Rolle schwer oder besonders leicht gefallen ist.

Nach: Lothar Scholz, Methoden-Kiste, Bundeszentrale für politische Bildung (Hg.), Bonn 2012, S. 33

Eine Recherche durchführen

Ziel: Informationen auf ihre Qualität prüfen; Informationen zielgerichtet suchen

Orte im Unterricht: Erarbeitungsphase; Vertiefung einzelner Aspekte des Themas; Vorbereitung auf ein Referat

Ablauf:

1. Schritt: Überlege, was du suchst.
Je präziser du weißt, was du suchst, umso besser kannst du am Ende beurteilen, ob die gefundenen Informationen deinen Erwartungen entsprechen. Hilfreich ist eine schriftliche Formulierung der Fragen oder eine Gliederung des Themas.

2. Schritt: Überlege, wo du suchst.
In der Bibliothek kannst du dir eine erste Übersicht über ein Thema verschaffen. Die Bücher, Zeitungen und Zeitschriften sind geordnet und übersichtlich aufbereitet, die Informationen sind vertrauenswürdig und jahrelang verfügbar. Das Internet bietet eine unüberschaubare Fülle an Material an, ist aktueller und überall verfügbar. Allerdings ist es schwierig, die wichtigen, zutreffenden und verlässlichen Informationen zu finden. Hier helfen Entscheidungskriterien für deine Auswahl.

3. Schritt: Überlege, wie du suchst.
In Bibliotheken kannst du die Kataloge nutzen und oft auch jemanden fragen, der dir Suchhinweise oder Hilfestellungen geben kann. Im Internet erhältst du durch die Eingabe von Wörtern in das Suchfeld einer Suchmaschine unzählige Einträge, Texte, Websites, die deine Suchwörter enthalten. Aber Achtung: Es ist unendlich viel Datenmüll dabei.

4. Schritt: Beurteile deine Rechercheergebnisse: Wie gut sind sie?
Hilft das Gefundene bei der Klärung der ursprünglichen Aufgabe? Hast du die passenden Informationen gefunden? Genügen sie deinen Qualitätsansprüchen?

Unbedingt beachten: Besonders bei der Suche im Internet ist es wichtig, passende Suchwörter auszuwählen. Nur so kannst du passende Informationen zu deinem Thema finden. Sprecht in der Klasse zunächst darüber, welche Internetseiten verlässliche Informationen zu eurem Themenbereich anbieten.

Nach: Lothar Scholz, Methoden-Kiste, Bundeszentrale für politische Bildung (Hg.), Bonn 2012, S. 22

REGISTER

A
Arbeit 56, **57**, 65
Arbeitgeber 66, 70, 82, 89
Arbeitgebervertretung **86**, 91
Arbeitnehmer 66, **69 f.**, 82, 86, 89
Arbeitsagentur 40, **61**
Arbeitskampf **89 f.**, 91
Arbeitslosigkeit 56, **60 f.**, 65, 75
Arbeitsmarkt 76, **77 f.**, 80, 83
Arbeitszeit **19**, 15
Ausbildung 22 f., 36
Ausbildung, duale 22 f., **74**, 75 f., 83
Ausbildungsvertrag **69 f.**

B
Berufsberater **28**, 32, 36
Berufsfeld **26**, 32, 36
Berufsfreiheit **80**
Berufsinformationszentrum **36**
Berufspraktikum **32**
Berufsschule **23**
Berufswahl **26**, 28, 32, 36
Betriebsrat 70, **85**, 87, 91
Bewerbung 39, **42**, 44
Bewerbungsfoto **45**
Binnenmarkt, europäischer **131**, 132 f., 143
Bruttoinlandsprodukt (BIP) **114 f.**, 121, 123, 129, 130
BIP pro Kopf **116**, 130
Bundesfreiwilligendienst **22**, 36

D
Digitaler Wandel **19 f.**, 21

E
Erbschaft **106 f.**, 113

F
Fähigkeit **13**, 17, 36, 38
Fähigkeit, soziale **49**
Freie Marktwirtschaft **99**, 100, 112
Freiwilligendienst **22**, 36
Frieden, sozialer 86 f., **88**, 91

G
Gehalt **71**, 73, 77, **79**, 82
Gewerkschaft **86**, 87, 89, 91

H
Hard Skills **38**, 49

I
Industrie 4.0 **19 f.**
Inflation **128**
Interessen **66 f.**, 82
Interessenverband **110**, 113

J
Jugendarbeitsschutzgesetz 82, **84**
Jugendauszubildendenvertretung (JAV) **85**

K
Kompetenz 19, **38**, 48
Konjunkturzyklus **123**
Kündigungsschutz **70**, 82

L
Lebenslanges Lernen **30 f.**
Lebenslauf **44**, 49

M
Mindestlohn 101, 103, **105**, 112
Mitbestimmung, betriebliche **85**, 91

N
Nichtregierungsorganisation NGO **109**, 113

O
Online-Bewerbung **42 f.**

P
Partizipation, wirtschaftliche **109 f.**, 113
Portfolio **11**
Praktikum **32 ff.**, 37
Preisbildung **78 f.**, 83
Prekäre Arbeit 63, **64**, 65

R
Rohstoffgewinnung **138**, 143

S
Schulische Ausbildung **23**
Selbstverwirklichung 56, **59**
Soft Skills **38**, 48 f.
Soziale Marktwirtschaft **100 f.**, 112
Stellenanzeige 39, **40 f.**, 49
Steuern **72**, 73, 82
Strukturwandel 17, **18 f.**, 21, 87

T
Tarifautonomie **87**, 91
Tarifkonflikt **90**, 91
Teamfähigkeit **39**, 48
Teilzeit **15**

W
Weiterbildung **30 f.**
Wirtschaftskrise 123, **125**
Wirtschaftsordnung 97, **99**, **100**, 112
Wirtschaftspolitik 126, **127**
Wirtschaftssektoren **18**, 19, 21
Wirtschaftswachstum **115**, 118 f., **121**, 123, 126, 128, 159

V
Verantwortung 134 f., **142**, 143
Vorstellungsgespräch 37, 39, **46**, 47,49
Volkswirtschaft 75, **76**, 83, **114 f.**, 129

Z
Zentralverwaltungswirtschaft **99**, 100, 112

BILDNACHWEIS

123rf.com / © Anupong Sakoolchai – S. 140; - / © bennymartry– S. 136; - / © Leon Swart – S. 141; Alamy Stock Photo, Abingdon / Cartoon Rescue – S. 67

Bergmoser + Höller AG, Aachen – S. 18, 90; BIZ (BUNDESAGENTUR FÜR ARBEIT (BA); [2018], Stand: 24.05.2018) – S. 27; Bundesagentur für Arbeit, entdecker.biz-medien.de – S. 28; Bundesagentur für Arbeit, www.planet-beruf.de – S. 28 (2); © Marcel Burkhardt, Mainz – S. 58

© campact – S. 109 (2); cartoonstock / Kes – S. 67; - / Mike Baldwin – S. 66; - / Mike Shapiro – S. 55; Christ Stock / Tischler NRW – S. 17 (o)

dpa Picture-Alliance, Frankfurt / Achim Scheidemann – S. 102; - / akg-images – S. 86, 100; - / AP Images, Kin Cheung – S. 135, 139; - / Klaus Ohlenschläger – S. 40; - / Kristin Palitza – S. 135, 138; - / Ole Spata – S. 136; - / Ulrich Baumgarten – S. 40; - / ZB, Bernd Settnik – S. 63; Duale Hochschule Baden-Württemberg (DHBW), Ravensburg – S. 74; © Kaspar Dudzik, SE – Lund – S. 132

Elumatec AG, Mühlacker – S. 17 (u); Eurostat, L - Luxemburg – S. 116

fotolia / BillionPhotos.com – S. 52

Getty Images, München / Jason Merritt – S. 102; Getty Images Plus / BananaStock – S. 107; - / Digital Vision, Ryan McVay – S. 45; - / Digital Vision, Steve Baccon – S. 102; - / DigitalVision, Thomas Northcut – S. 102; - / iStockphoto, AlexYustus – S. 121; - / iStockphoto, amazingmikael – S. 22; - / iStockphoto, deniskomarov – S. 45; - / iStockphoto, DenKuvaiev – S. 23; - / iStockphoto, graphicsdunia4you – S. 121; - / iStockphoto, guruXOOX – S. 52; - / iStockphoto, Harvepino – S. 97; - / iStockphoto, KatarzynaBialasiewicz – S. 16, 52; - / iStockphoto, Kzenon – S. 16; - / iStockphoto, LSOphoto – S. 32; - / iStockphoto, MattoMatteo – S. 52; - / iStockphoto, maxkabakov – S. 134; - / iStockphoto, McJunich – S. 32; - / iStockphoto, m-imagephotography – S. 45; - / iStockphoto, monkeybusinessimages – Cover, S. 13, 118; - / iStockphoto, moodboard – S. 52; - / iStockphoto, Ridofranz – S. 45, 119; - / iStockphoto, runzelkorn – S. 22; - / iStockphoto, SeanPavonePhoto – S. 97; - / iStockphoto, seb ra – S. 24; - / iStockphoto, SerrNovik – S. 125; - / iStockphoto, Spediter – S. 16; - / iStockphoto, suteracher – S. 94; - / iStockphoto, Tivoly – S. 102; - / iStockphoto, Wavebreakmedia – S. 40, 52; - / iStockphoto, wernerimages – S. 125; - / iStockphoto, zhudifeng – S. 107; - / monkeybusinessimages – S. 32; - / Stockbyte, altrendo images – S. 16 Sandra Kirsamer, Römerstein – S. 134 (3);

imago images, Berlin / Fernando Baptista – S. 140; - / Rüdiger Wölk – S. 120; - / Sven Lambert – S. 118

KOKAR Bausanierung GmbH & Co. KG, Mötzingen – S. 41; Konrad-Adenauer-Stiftung, Bonn – S. 102; Andrea Kirsamer, Römerstein – S. 8 (3)

Mario Gerth Fotografie, Eisenberg – S. 58; mauritius images, Mittenwald / Alamy, Friedrich Stark – S. 134, 141 (2); - / Alamy, Kristian Buus, Greenpeace – S. 141; Ministerium für Wirtschaft, Arbeit und Wohnungsbau Baden-Württemberg, Stuttgart – S. 28

Andreas Prüstel, Berlin – S. 48

shutterstock / wavebreakmedia – S. 119; Statista GmbH, Hamburg – S. 57, 79; © Statistisches Bundesamt, Wiesbaden – S. 112; Stepstone Deutschland GmbH, Düsseldorf – S. 40

Thomson Reuters, Berlin / Erin Siegal – S. 134, 136 (2)

ver.di, Hamburg – Cover, S. 88

www.kunstsam.de / Frank Speth, norddeutscher Bildhauer und Maler, Quickborn – S. 67

Bildungswege in Baden-Württemberg

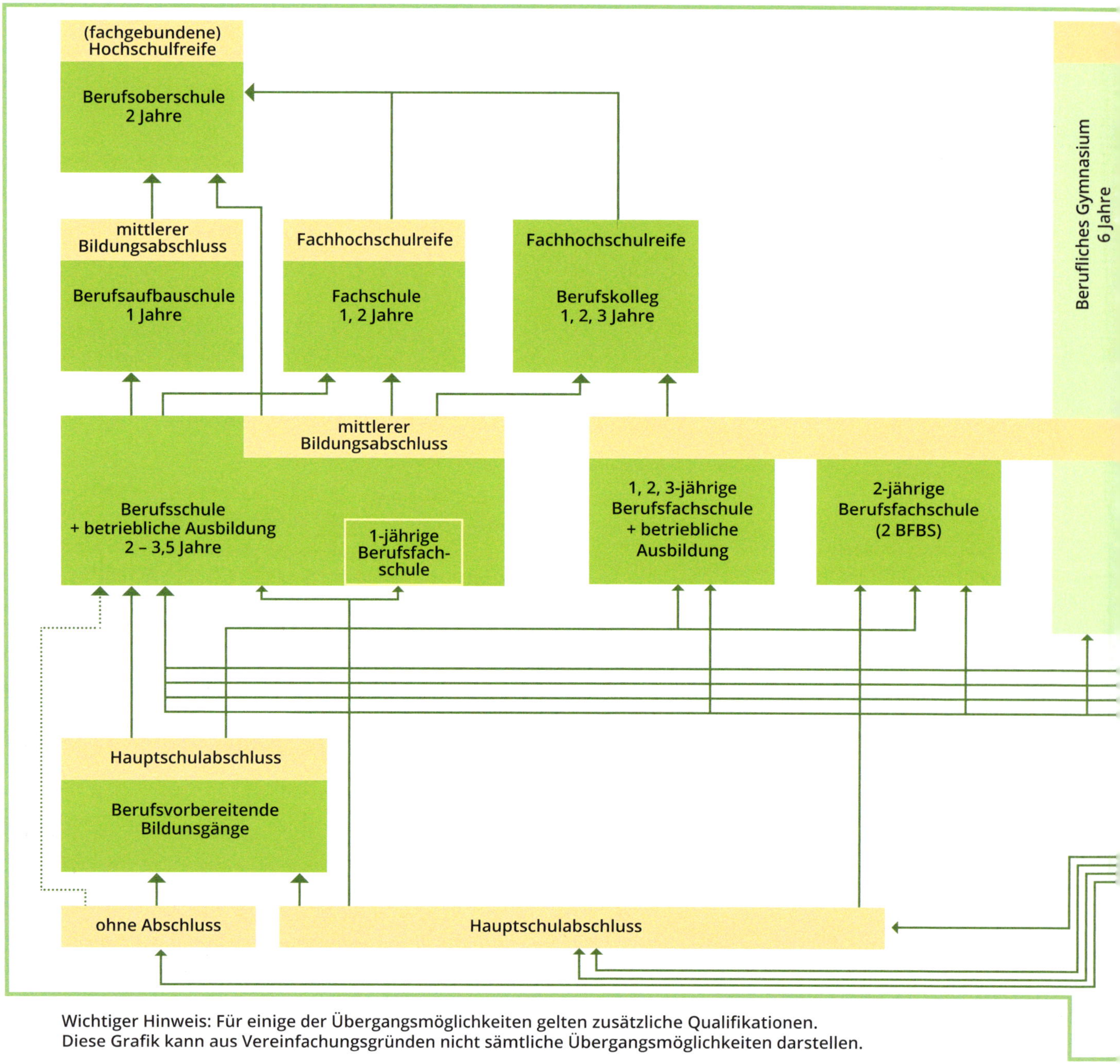

Wichtiger Hinweis: Für einige der Übergangsmöglichkeiten gelten zusätzliche Qualifikationen.
Diese Grafik kann aus Vereinfachungsgründen nicht sämtliche Übergangsmöglichkeiten darstellen.